I0437775

Pedro Hernán Portilla Salas

"EL PERRO DEL HORTELANO"

LA OBSESIÓN POR EL PODER

CUSCO - PERU

"EL PERRO DEL HORTELANO"
LA OBSESION DEL PODER

Autor: Pedro Hernán Portilla Salas
Primera Edición: 2014
hernanportilla1@hotmail.com

Corrección de texto:
Enrique Rosas Paravicino

Diagramación:
Juan Edmundo Pantigozo Guillén

Diseño de Tapa: Ramiro Moreyra Portilla
Caricatura   : César Aguilar Peña
Fotografía   : Daniel Arnaldo Cabrera Carrillo

ISBN – 13:978-1499395440

Depósito Legal N° 2014-06505

"Quien no es capaz de enfrentarse a su pasado, está condenado a repetirlo eternamente..."

Jorge Ruiz de Santayana

INDICE

CAPÍTULO I
LA DEMOCRACIA PERUANA Y USO
PRIVADO DEL ESTADO:

CAPÍTULO II
EL NEOLIBERALISMO Y ACUMULACIÓN
EN ACCIÓN

CAPÍTULO III
EL JEFE DE ESTADO FRENTE AL
PERRO DEL HORTELANO

CAPÍTULO IV
OBSESIÓN QUE TERMINA EN
FIESTA DE SANGRE

CAPÍTULO V
GENOCIDIO, IMPUNIDAD Y DERECHOS HUMANOS
EN LA HISTORIA DEL PERÚ.

CAPÍTULO VI
RASTROS DE LA CORRUPCIÓN DEL SEGUNDO GOBIERNO DEL APRA.......

CAPÍTULO VII
A MANERA DE CONCLUSIÓN

PRÓLOGO

En los años que van del siglo XXI, la política en el Perú ha devenido en una suerte de práctica controversial, deslucida y reprobable por su carencia de brillo, grandeza y ética en sus propuestas y acciones; además de su falta de concordancia con los postulados cívicos y los anhelos colectivos básicos. Me refiero, por cierto, a la denominada política criolla; la propiciada por las élites dominantes como "libre ejercicio de la democracia" y que no es sino un espacio de negociaciones encubiertas, al margen de la voluntad ciudadana y, muchas veces, contra los principios constitucionales y legales del país.

Este libro, *El perro del hortelano* de Pedro Hernán Portilla Salas, es un registro puntual de esa realidad, un testimonio y un enjuiciamiento del latrocinio, la corrupción y la criminalidad correspondientes a un periodo concreto y a un régimen que —con la falacia de la inversión extranjera como "factor de desarrollo"— se propuso entregar nuestros recursos naturales al siempre voraz capital extranjero. De ahí que en estas páginas la infamia y el deshonor tienen nombres y apellidos reconocibles. Los hechos denunciados son de dominio público e incluso algunos de los actos delictivos todavía están a la espera de sendos fallos judiciales.

Jorge Basadre subrayaba, con evidencias irrebatibles, que en el Perú la corrupción política ha acentuado la situación de atraso y subdesarrollo. Esta aseveración ha sido confirmada en las últimas décadas por numerosos casos de escándalos protagonizados por mandatarios, parlamentarios, alcaldes, líderes y funcionarios públicos. Más aún, la lacra de la corrupción ha contaminado también a instituciones como el Poder Judicial, el Tribunal Constitucional y el Congreso de la República, entre otras. Hoy el deterioro moral es tal, que la ciudadanía ha perdido confianza en la clase política y en las entidades llamadas a tutelar el ejercicio de la decencia pública.

Con tal telón de fondo, *El perro del hortelano* de Pedro Hernán Portilla Salas se propone escudriñar y actualizar el caso del entreguismo en el segundo gobierno de Alan García Pérez. Ciertamente, este es el núcleo del libro, el eje que le confiere acción a otros sucesos concomitantes que tanta polémica han generado en los espacios mediáticos. Entre esos hechos se inscribe, asimismo, la serie de respuestas populares, como la de Bagua, con un saldo trágico de vidas inmoladas, cuya responsabilidad política terminó diluyéndose en patrañas de investigación e informes sesgados. He aquí unas páginas que indignan y conmueven, tanto así como abonan el sentimiento de la solidaridad social.

En fin, es una voz de coraje la que se oye en este libro, alguien que con marcada independencia intelectual deja constancia de la demagogia, la perversión, la violencia y la putrefacción moral de una época. En sí, este libro equivale a la lucha personal, firme e insobornable de su autor, no contra molinos de viento en el horizonte, sino contra personajes mafiosos concretos que, desde el manejo del poder político, han tomado al Estado como botín personal y/o de camarilla. De ahí la necesidad de leerlo con amplitud y hacer nuestros sus enjuiciamientos, su indignación y crítica. Sobre todo, el lector debe ponderar su afán de forjar una conciencia ciudadana que sea vigilante de sus funcionarios, gobernantes e instituciones.

En ello radica el aporte esencial de Pedro Hernán Portilla Salas.

Cusco, Abril de 2014.

Enrique Rosas Paravicino.

ACLARACIÓN

El presente ensayo surge entre otros, en respuesta al obsesivo interés del ex presidente de la República Dr. Alan García Pérez en "subastar" los recursos naturales del país; quien en su oportunidad para justificar este acto entreguista escribió en un diario de circulación nacional, tres artículos periodísticos endilgando a los peruanos la despectiva metáfora de *"El Perro del Hortelano"*. Escritos que en esencia, traslucen una ciega defensa del neoliberalismo y pretenden alcanzar dos objetivos mediáticos: Primero, utilizar su pluma para obnubilar con sofismas, la percepción nacional sobre la enajenación de los recursos naturales y segundo, que el Congreso de la República, de aquella ocasión, teniendo como convidados de piedra a congresistas de la oposición, hicieran tabla rasa de su mayoría, para crear las condiciones legislativas y aprobar leyes tramposas que desnacionalicen los recursos naturales y perturben la pervivencia de las poblaciones indígenas.

En este trabajo a manera de propedéutica previa, se caracteriza la acción política y económica de tres gobernantes: Alberto Fujimori, Alejandro Toledo y Alan García Pérez; luego, además de responder a la metáfora de marras, demuestra la continuidad histórica de un Estado criollo que desde sus inicios, con la membresía de democracia, legitima, cobija, mantiene y distribuye la riqueza nacional a una sinarquía holgazana y corrupta, expresada en los llamados partidos políticos tradicionales que representan al poder económico rentista del Perú y a capitales transnacionales que usufructúan de la hacienda nacional, cual si fuera una finca privada.

15

Dicho así, amable lector, la expresión *"El perro del hortelano"*, que el ex presidente utiliza para subestimar a los peruanos, no es otra que un cliché fabricado para enajenar y entregar los recursos del Perú a las siniestras ventosas del capital transnacional, satanizando como paso previo a quienes, pensando en estas y futuras generaciones peruanas, defienden su milenaria patria y protestan contra el entreguismo, la pérdida de soberanía y la pobreza secular.

Finalmente con esta aclaración el autor advierte que quienes por casualidad o interés en el asunto, tomen entre manos y lean este libro, encontrarán en su contenido, un análisis documentado y serio, basado en fuentes fidedignas: informes, conclusiones y recomendaciones que investigadores prestigiosos y las propias entidades tutelares del Estado Peruano en su oportunidad asumieron y sobretodo, evaluaron las políticas y gestión del ex presidente García Pérez, en sus dos períodos.

Por lo demás, serán los lectores, quienes enjuicien si valió la pena o no, hacer este análisis.

El autor

CAPÍTULO I
DEMOCRACIA PERUANA Y USO
PRIVADO DEL ESTADO.

1.- Las décadas de la ignominia

En el Perú, tras el segundo gobierno del Arq. Fernando Belaúnde Terry, la alternancia del poder político vía elecciones entró a su normalidad. Se reinició en abril de 1985, con las votaciones para elegir al Presidente de la República, senadores y diputados. El Dr. Alan García Pérez, representante del Partido Aprista Peruano (PAP), consiguió el primer lugar, pero sin alcanzar la victoria presidencial en primera vuelta; no se produjo la segunda vuelta, como ordenaba la ley electoral, porque el candidato presidencial, Don Alfonso Barrantes Lingán, del Frente de Izquierda Unida, renunció a participar en ella.

Alan García Pérez, el 28 de julio de 1985, derrochando demagogia, criticando acremente la política del Arq. Belaunde Terry y colmando de esperanzas de solución para los grandes problemas del país, asume la Presidencia de la República del Perú. Ciertamente la verborrea de García Pérez cautivó la adhesión de los peruanos, pero, a medida que pasaba el tiempo, se fue diluyendo y devino en desesperanza. Aplicó una política económica heterodoxa que posteriormente condujo al Perú a la ruina más espantosa de su historia.
En el fondo, la administración aprista resultó la continuación de las políticas de Acción Popular, pero manejadas como propiedad privada del APRA, algo así, como un botín electoral, donde barrieron a populistas, pepecistas, izquierdistas e independientes de la estructura institucional del Estado, para sustituirlos con militantes apristas. Tal es así que los dos primeros años

de gobierno aprista se vivió de los escasos recursos que su antecesor había dejado.

Al tercer año más o menos, la maquinaria aprista en el manejo de las arcas fiscales y en la estructura administrativa del Estado mostró sus primeros indicios de inarmonía gubernativa: Una prepotencia sectaria en el manejo del Estado y una corrupción generalizada y aparente daban la impresión de que en verdad el Perú, aquella vez, vivía una nueva modalidad de democracia, la dictadura de un corrupto partido político, en la que sus similares de las clases dominantes, como si se tratara de un fenómeno normal, cerraban los ojos, esperando que rápidamente transcurriese los cincos años, para que ellos entren y hagan también lo suyo. Paralelamente, los alzados en armas, que a esas alturas ya no sólo eran los de Sendero Luminoso, sino además el Movimiento Revolucionario Túpac Amaru (MRTA), venían marcando los pasos del gobierno aprista, al extremos que la corrupción, se constituyó en una de las plataformas contundentes, para "legitimar" sus acciones subversivas, no sólo en el ámbito rural indígena o campesino, como fue al principio, sino también en las ciudades.

Cuando todo estuvo así, Alan García, quien no contaba con una estrategia contrasubversiva propia, intentó algunas reformas como la unificación de la Policía Nacional. Pero la Policía Nacional, por sí sola no pudo controlar la subversión. Fue necesario que las Fuerzas Armadas, tomaran la dirección política de la lucha antisubversiva y por lo tanto la guerra interna se expandió casi en todo el territorio nacional.

Entre tanto, el manejo privado y corrupto de la economía del Perú fue consumiendo los pocos recursos del Estado, la población se empobrecía más y la repulsa popular crecía a la vista; la verborrea de García Pérez para atenuar el rechazo social se constituyó en una mercancía de valor nulo. Culpó como responsables de la crisis al sistema financiero nacional e internacional y optó por estatizar la banca privada nacional; y en el ámbito de la política externa sujetó el pago de la deuda externa a un porcentaje de las exportaciones. Estas medidas no cambiaron la percepción popular sobre la conducta del gobierno aprista; más bien acentuaron las dificultades tanto en el frente interno, como en el externo. Hasta que en 1990, concluyó en una espantosa crisis económica asociada a una hiperinflación del 7.649,6%, una corrupción generalizada y una inestabilidad social de convulsión, jamás experimentada en el Perú, sólo comparable a una situación de post guerra, tal que las medidas que se tomaron a efectos de parar la espiral inflacionaria y la caída en la producción fueron inútiles. Al respecto, Mercedes García Montero, caracterizaba al Perú: "En 1990 habían pasado diez años desde el inicio de la transición política; el tradicional y débil Estado peruano estaba en bancarrota, los partidos estaban desacreditados. La subversión, el narcotráfico, la creciente intervención militar en los asuntos públicos, la violación de los derechos humanos y la hiperinflación hacían que la desintegración política y social fuera considerada como una seria posibilidad. La combinación de la catástrofe económica en el Gobierno de Alan García, del avance de la violencia de Sendero Luminoso, y el descrédito de todos los partidos políticos, crearon las condiciones para el surgimiento, desde fuera del sistema político, de candidatos independientes que ofrecían esperanzas y soluciones a los problemas propios de la situación de crisis general" Así, concluyó el primer gobierno aprista de Alan García Pérez[1].

En este contexto de hiperinflación se realizaron las elecciones generales de 1990 y como resultado de ello la alianza electoral de derecha AP, PPC y el Movimiento Libertad, denominada FREDEMO, liderado por el Dr. Mario Vargas Llosa, escritor de renombre internacional, hoy Premio Nobel de la literatura, ganó las elecciones en la primera vuelta apenas con el 27.6% de votos, mientras Fujimori el segundo lugar con el 24.6%. Al no alcanzar Vargas Llosa la mayoría exigida, entra a la segunda vuelta electoral con el Movimiento Independiente Cambio 90, liderado por el ex Rector de la Universidad Nacional Agraria La Molina, Ing. Alberto Fujimori Fujimori. En esta contienda Alberto Fujimori, sin programa, sin ideología, sin bases políticas y con una fuerte campaña de rechazo a toda la elite política nacional peruana, ganó las elecciones con un 62.4% y el laureado escritor, apenas consiguió el 37.6% del electorado.

No bien accede Alberto Fujimori a la Presidencia de la República, nombró como Ministro de Economía y Finanzas a Juan Carlos Hurtado Miller y éste, aplica una política económica de ajuste estructural, cuya medida inicial fue el monstruoso *fuji shock* y para complementar, acompaña con medidas antilaborales que restringen en lo sumo el derecho de los trabajadores. Los empresarios aprovechan la ocasión para deshacerse de las cargas laborales y de sus organizaciones sindicales. Prácticamente, Fujimori

---

[1] GARCÍA MONTERO, Mercedes; *LA DÉCADA DE FUJIMORI: ASCENSO, MANTENIMIENTO Y CAÍDA DE UN LÍDER ANTIPOLÍTICO* , Ediciones Universidad de Salamanca, 2001.

hizo lo que los empresarios y la derecha habían reclamado desde mucho tiempo atrás. En las relaciones con el legislativo, aprovechando la aparente ineficacia del Congreso, agudizó la animadversión del pueblo hacia el Congreso, de modo que cuando los vínculos Ejecutivo-Legislativo se encontraban tensas, Fujimori en mayo del 1991, presenta su propuesta de Pacificación Nacional y en uso de las facultades extraordinarias conferidas por el Congreso, emite una serie de 126 Decretos Legislativos relacionadas a la pacificación y política económica. En 1992, las relaciones del Ejecutivo con el Legislativo se polarizan más y Fujimori, el 5 de abril de aquel año, cierra el Congreso, interviene el Poder Judicial y Alan García Pérez, ex presidente de la República, acusado de delitos penales, al percibir que sus actos corruptos eran investigados en complicidad con Fujimori, como más adelante se demostrará se asila en Colombia. El pueblo aparentemente, aprueba el autogolpe.

Con estos ribetes, empezó la dictadura de Fujimori. Éste, libre de vallas legislativas en el Congreso, cautivando a los medios de comunicación, manejando encuestas a su antojo y, desplazando a sus principales competidores, los partidos políticos tradicionales en el manejo corrupto del país, hará lo que creyó conveniente hacer[2]. Su principal escudo será la pacificación nacional. Como medidas apremiantes después del "autogolpe", fueron la creación del Sistema de Inteligencia Nacional (SIN), la aprobación de la nueva ley del Sistema de Defensa Nacional y en la lucha contrasubversiva, otorgó todo el poder a los

---

[2] Degregori, Carlos Iván y Romeo Grompone; Elecciones 1990 DEMONIOS Y REDENTORES EN EL NUEVO PERÚ. Una tragedia en dos vueltas, IEP Ediciones Lima, 2001. P, 52.

militares y como complemento substancial, aprobó la legislación antiterrorista. Finalmente, en el Código Penal, instituye el delito de traición a la patria para la apología de terrorismo.

Fujimori, siguiendo su cronograma político, el 22 de noviembre, convoca a elecciones para conformar un Congreso Constituyente y en ese afán, logra la solícita participación de aquellos partidos políticos tradicionales que habían sido vilipendiados en el autogolpe, como corruptos e incapaces, prácticamente "zánganos". Aunque esta actitud no es novedad, siempre fue ésta la conducta sempiterna de los políticos del Perú, desde la independencia hasta hoy. Es decir, tomando como membrete la pervivencia del "estado de derecho" y la paz social, se arrodillan ante cualquier dictadorzuelo, para pescar en río revuelto y cuando éste entra en su fase natural de debacle, cual ratas de naufragio, rápidamente brincan al barco salvador, para continuar allí con lo suyo. De modo que Fujimori rápidamente encontró esbirros para su banda, a "eruditos constituyentes" y "sabios legisladores", en la cantera de los partidos políticos tradicionales y por el otro lado, poco les importó a los apristas que su jefe esté perseguido como delincuente y los pepecistas, sean considerados "comechados" o los izquierdistas, de factura yanke, sean calificados de subversivos, con tal de que en el congreso tengan la barriga llena, parodiando al senado romano o a la cámara de los Lores.

Con estos "ilustres políticos constituyentes", en enero de 1993, se instala el denominado Congreso Constituyente Democrático CCD y fueron aquellos genuflexos, quienes entre bombos y platillos, prepararon un proyecto constitucional a la medida de los intereses de Fujimori, de las transnacionales y de la derecha peruana, la misma que, previa manipulación a la ciudadanía por la prensa cautiva y los adláteres del gobierno, fue aprobada mediante Referéndum del año 1993 con el 52.4% de votos a favor del "Sí"[3].

Premunido de este "aval constitucional", Fujimori se alistó para la perpetuación en el poder. En 1994, allana su reelección con una ley de interpretación auténtica de un artículo de la nueva Constitución y para garantizar el respaldo popular a su candidatura, emplea como bambalinas, el manejo subliminal del conflicto fronterizo con Ecuador, los "éxitos en la lucha antisubversiva" y sobre todo, utilizando a la prensa incondicional para sus propósitos, hasta que finalmente convoca para el 9 de abril de 1995 a elecciones generales, en cuyo evento, conforme a sus previsiones, es reelegido con el 64% de los votos ciudadanos y su contendor el Canciller Dr. Javier Pérez de Cuellar, obtiene sólo el 22%. Fujimori, ganó la presidencia de la República en primera vuelta, mientras que en el congreso, su partido Alianza Cambio 90-Nueva Mayoría, obtiene 67 escaños, Unión por el Perú UPP, 17 curules, lo que significó la mayoría absoluta de Fujimori en el Congreso.

Cinco años más tarde, la tramoya de las elecciones generales se repite. Otra vez Alberto Fujimori anuncia su tercera reelección (dictó el Decreto Supremo N° 40-99 PCM y convocó elecciones generales para el 19 de abril de 2000). Esta pretensión de perennizarse en el poder, al parecer, desesperó a los partidos políticos tradicionales que habían sido privados del manejo corrupto del país, durante diez largos años. ¿Cómo no

---

3   García Belaunde, Domingo; *REFERÉNDUM CONSTITUCIONAL*- PERÚ. 31/10/93.

los desesperaría si sobre sus propias narices una retahíla de oportunistas de Fujimori se hacía rica robando a sus anchas en las arcas fiscales? Entonces, la recuperación de aquel botín perdido resultó una obsesión de las clases políticas desplazadas, tal que recurrieron a diversas triquiñuelas legales y políticas, para impedir la candidatura del "dictador"; pero el poder omnímodo de Fujimori sobre los Tribunales de la nación hizo que tales pretensiones se vayan al tacho, sobre todo el Jurado Nacional de Elecciones (JNE) aceptó sin lugar a apelaciones la tercera postulación de Alberto Fujimori.

Consecuentemente, el 9 de abril del año 2000 se realizaron las elecciones; ganó Fujimori en la primera votación controvertida con el 45.8% de votos[4]. Al no alcanzar éste la mayoría exigida van a la segunda vuelta con su cercano seguidor, Alejandro Celestino Toledo Manrique; pero este último, el 18 de mayo, convencido de su futura derrota, renuncia a la segunda vuelta. Aun así, la maquinaria electoral siguió su curso. Finalmente Fujimori, sin contrincante, el 28 de mayo del 2000, en elecciones cuestionadas tibiamente por la OEA y avaladas por el conformismo cómplice de los eternos defensores de la República criolla consiguió ser reelegido, una vez más con el 51,2 por ciento de los votos y consuma su re-reelección en un acto de parodia democrática, en ningún caso diferente o más grave a los patrones "democráticos" instituidos por los caudillos criollos, desde que a este Perú lo llamaron República.

---

4   GARCÍA MONTERO, Mercedes; LA DÉCADA DE FUJIMORI: ASCENSO, MANTENIMIENTO Y CAÍDA DE UN LÍDER ANTIPOLÍTICO , Ediciones Universidad de Salamanca, 2001. P, 79.

Luego de este triunfo y para persuadir a sus adversarios sobre la inutilidad de cualquier oposición, el 7 de junio, en forma inusual y prepotente, la Fuerza Armada, aprovechando el acto cívico de la Jura de Bandera, con parada militar, desfile de tanques y en ceremonia especial, reconoce como Jefe de Estado electo a Alberto Fujimori.

Y, como colofón, el 28 de julio del 2000, con la aquiescencia de las transnacionales, sus testaferros, el asombro celestino de los observadores electorales de la OEA, la bendición de la Santa Iglesia Católica en el *Te deum* de la catedral de Lima, el aplauso eufórico de tránsfugas y rufianes congresistas, el coro vergonzoso de cierta prensa y la desesperanza de un pueblo empobrecido, enfurecido y sangrante en las calles y campos, es investido en el Congreso como Presidente Constitucional del Perú, por tercera vez.

Mostrando como eficiencia gubernativa sus "triunfos" sobre el terrorismo y enarbolando "éxitos" ante la crisis económica, avances en la ejecución de obras y algunos logros en la política externa, controlará los tentáculos de un Estado, al servicio privado. En suma, teniendo como antorcha inquisitorial las leyes antiterroristas y como verdugos a las Fuerzas Armadas e inquisidores a jueces sin rostro, oprimió, amedrentó y castró la libertad de pensar a los peruanos, durante diez largos años.

Siempre se ha dicho que el colapso del gobierno de Fujimori fue trabajo de los partidos políticos tradicionales. Afirmación nada más falsa y acomodaticia. Veamos por qué.

Los políticos tradicionales al constatar que sus tertulias, intentos de golpe de Estado, mesas de diálogo y discursos encendidos en contra de Fujimori quedaban en la nada, y como tampoco los consabidos contubernios con las Fuerzas Armadas funcionaban para la desestabilización del dictador, aceptaron a regañadientes y en toda su dimensión la tercera reelección, con lo que prácticamente, habían abdicado sus pretensiones de recuperar el poder, por lo menos, unos cinco años más. Pero, en el lado del movimiento popular, sobre todo en el ámbito urbano, cosa distinta ocurría: Marchas de protesta, huelgas, paralizaciones regionales, bloqueo de carreteras, toma de locales y vías, en contra de la política económica, laboral y en repudio a los escandalosos casos de falsificación de firmas y existencia de tenebrosas redes de corrupción asociadas al manejo del Estado y al narcotráfico en el gobierno, había convulsionado la paciencia social.

La población empobrecida y marginada iba recuperando progresivamente su capacidad de protesta y movilización, tal que a su paso, ponía en jaque al aparato represivo del gobierno, al punto que hacía peligrar la estabilidad del mismo Estado. Esta circunstancia, obligó a los políticos tradicionales, dirigir la mirada hacia los movimientos populares, como su tabla de salvación, para recuperar el poder. De ahí que sin perder el tiempo en disquisiciones, se asieron a la movilización popular, cuya capacidad de organización, combate callejero y creatividad, estaban en ascenso y desde allí, se ocuparon en atizar la hoguera de la llamada "recuperación de la democracia" que en la práctica, era una mañosa maniobra criolla para recuperar el manejo privado del Perú, utilizando como mascarón de proa o carne de cañón a la bien intencionada e ingenua población insatisfecha.

Fue así cómo politicastros tradicionales de cuello y corbata, aquellos mandamases que en su turno reprimieron, persiguieron y encarcelaron trabajadores, dirigentes gremiales y estudiantiles, como por arte de magia, se juntaron y aparecieron entreverados con las clases populares, en mítines y marchas, agitando desde la retaguardia, eslóganes y enarbolando banderitas y banderolas del Perú y del Tawantinsuyu. La barahúnda popular se apoderó de Lima y provincias desde los primeros días del mes junio; llegando a su máxima expresión, el 28 de julio del año 2000, con la denominada "Marcha de los Cuatro Suyus".

Aquel día jueves 28 de julio, aproximadamente cien mil personas se dieron cita a horas 9.00 a.m en la Avenida del Paseo de la República de Lima; para ser preciso, entre el Palacio de Justicia y el Hotel Sherathon. Tras los consabidos protocolos demagógicos, la muchedumbre partió rumbo al palacio legislativo donde Fujimori recibía la banda presidencial, entre ovaciones y hurras de los ruines congresistas "tránsfugas". La multitudinaria marcha avanzó lentamente y alrededor de las 11:30 a.m tres aviones MIG de la Fuerza Aérea, en actitud desafiante sobrevolaron a poca altura de la multitud y los vándalos infiltrados, aprovecharon la ocasión, para enardecer a la multitud y hacer suya la circunstancia. Infiltrados de Fujimori y Montesinos, prendieron fuego al antiguo Ministerio de Educación, donde funcionaba parte del Poder Judicial. Otros, destruyeron las ventanas del Palacio de Justicia, lanzaron trapos empapados con gasolina, provocando incendios diversos y otros tantos, asaltaron la sede del Jurado Nacional de Elecciones y al edificio del Banco de la Nación, donde murieron seis vigilantes de seguridad asfixiados y el Banco de la Nación quedó destruido. Hoy, es un vistoso parque.

Días después, la evaluación de los resultados de aquella marcha, tuvo dos lecturas. La primera, una movilización popular de tamaña connotación, frente a un aparato represivo letal, sofisticado y desenfrenado, había dado como resultado una desastrosa situación para el movimiento popular, expresadas en: seis vigilantes muertos, 172 heridos entre dirigentes y activistas populares y 155 dirigentes detenidos en comisarías y Seguridad del Estado, otros tantos perseguidos. La segunda lectura, los políticos tradicionales, sin rasguño alguno, habían logrado con creces su cometido y aquellas bajas fueron explotadas como un triunfo, un acto heroico de los políticos tradicionales. Cada partido llevó agua para su molino, jactándose a los cuatro vientos como que, efectivamente, habían movilizado en contra del régimen de Fujimori a una inmensa mayoría de gente de todas las clases sociales, colores, sectores, sexos, edades y lugares del Perú. Pero el logro más trascendental para los políticos tradicionales fue que la marcha les permitió en un corto plazo desenterrar partidos políticos sepultados, revivir cadáveres políticos olvidados, limpiar delitos penales a connotados líderes prófugos de la justicia, incorporar como nuevos actores políticos a testaferros y estafadores de la voluntad popular.

En fin, los partidos políticos tradicionales, con el esfuerzo y sacrificio de las clases populares, habían logrado crear las condiciones concretas para una próxima recuperación del dominio privado del Perú. Aquello que durante diez años, utilizando sus consabidas armas, no pudieron hacerlo, en un día de movilización lo habían conseguido. El héroe y el más ganancioso de esta manipulación, como más adelante se verá, resultó siendo Alejandro Celestino Toledo Manrique, aquel que en las elecciones de 1995 con la alianza Coordinadora Democrática- País Posible, sólo había obtenido el 3,2% de los votos y en las elecciones del 2000 el 23.2%, esta vez, gracias a su irónico rasgo "étnico" (Cholo), su confusa verborrea que no linda con el inglés ni con el español, más la acusación frontal de Fujimori, como instigador de la marcha, le valió para autodenominarse en adelante, como el líder natural de la oposición y enarbolar estas argucias como mercancía electoral para elevar sus votos en las próximas elecciones. Como Toledo, los demás políticos tradicionales, con el aval de aquel logro de la marcha, prácticamente se ocuparon en administrar las vulnerabilidades aparentes del gobierno de Fujimori, que poco a poco iba desmoronándose.

La infiltración en los círculos políticos de la decadente dictadura, empezó a darles excelentes réditos. La primera apareció el 15 de septiembre del año 2000, cuando un politicastro, buscador de notoriedades, vaya usted a saber por qué medios, logra conseguir un registro fílmico, donde el inefable y corrupto asesor presidencial Vladimiro Montesinos Torres hacía constar la compra de favores políticos en beneficio de Fujimori a un congresista de nombre Alberto Kouri. El famoso video que prácticamente confirmaba lo que el pueblo ya sabía, tomó el nombre Kouri-Montesinos y resultó siendo la primera chispa que incendiaría la inmensa pradera de la corrupción y pondría al aire libre la asquerosa calaña de hombres que manejaron y manejan esta República criolla.

Tras este hallazgo, aparecieron muchísimos registros fílmicos más, mostrando entre otros al Secretario General del Partido Aprista Peruano Agustín Mantilla, recibiendo fajos de dólares como pago por los favores políticos al dictador; a un "ilustre" corrupto, representante del rancio Partido Popular Cristiano, haciendo lo propio; al Presidente del Jurado Nacional de Elecciones, a un miembro del Tribunal de las Garantías Constitucionales vendiendo sus decisiones para proteger al dictador, a tránsfugas congresistas cobrando cientos de miles de dólares por sus votos en el congreso.

En síntesis, si de esta crisis del gobierno de Fujimori, hemos de sacar una lección para la historia política del Perú, es la siguiente: Mostrar a la posteridad a aquellos parásitos, creación histórica de esta "república criolla" a la que sus eternos poseedores, por derecho defienden y defenderán con uñas y dientes.
Desde luego, aquel hecho hizo trastabillar las bases del gobierno fujimorista; tal que Fujimori, pensando cambiar o atenuar el sentido y el impacto de la crisis, el 17 de septiembre de aquel año convoca a elecciones anticipadas y se compromete entregar la Presidencia al ganador de las mismas. También anuncia la desactivación del Servicio de Inteligencia Nacional (SIN). Pero la ruina era inexorable. El 22 de octubre del 2000, Vladimiro Montesinos Torres, convicto de sus fechorías y ruindades, huyó con destino a Panamá y, para precipitar la crisis, el 29 de octubre el comandante Ollanta Humala Tasso se sublevó en Moquegua, Locumba, presionando a que Fujimori se vaya.

Paralelamente en el Congreso, los partidos políticos tradicionales, aprovechando la coyuntura, hacen lo suyo: capitalizar la crisis; desarticulan a la mayoría oficialista y logran una nueva Mesa Directiva multipartidaria. Hasta que finalmente, Alberto Fujimori, convencido de que la situación era irreversible y su permanencia en el Perú, insostenible, aprovecha de un viaje oficial al Asia APEC y desvía su destino y fuga al Japón, desde donde, vía fax, remite su renuncia a la Presidencia de la República. El Congreso, el 19 de noviembre, declara vacante a la Presidencia de la República y el 22 del mismo mes, el congresista de Acción Popular, Dr. Valentín Paniagua Corazao, hasta entonces Presidente del Congreso, es nombrado como nuevo Presidente Constitucional del Perú y se constituye un Gobierno de Unidad Nacional con el Dr. Javier Pérez de Cuellar como Primer Ministro y en el que también Alejandro Toledo estuvo representado por el Dr. Diego García Sayán, como Ministro de Justicia.

Así fue como recuperaron el poder perdido y desde entonces, un Gobierno llamado de transición, encabezado por el Dr. Valentín Paniagua, sentará las bases de una nueva gestión supuestamente democrática, que contribuiría a la "recuperación del país" y entre muchas de las acciones gubernativas que le cupo realizar, fue convocar a elecciones generales de abril del 2001.

Este evento electoral, desde ya, fue un pintoresco carnaval político, donde cada partido se ocupó en: adornar discursos retóricos, "blanquear" a sus líderes con juicios penales e imputaciones, rejuvenecer a sus vejestorios candidatos, presentar a los herederos de los "eternos mandamases", afilar diatribas, revivir enconos partidarios, entre derechistas e izquierdistas, defensores de los ricos y defensores de los pobres, de los indígenas, en fin, la de siempre; pero esta vez manejado por los políticos tradicionales.

Este proceso eleccionario, obviando a los menudos candidatos que abundaron, puso en palestra a tres principales fuerzas electorales en pugna: la Dra. Lourdes Flores Nano, representando a la rancia aristocracia criolla, como la candidata de los ricos, liderando a Unidad Nacional; el Dr. Alejandro Celestino Toledo Manrique, encubriendo su neoliberalismo entreguista, con el irónico fenotipo indígena, liderando a "su" partido Perú Posible, y el Dr. Alan García Pérez, tras cerca de nueve años de haber vivido fugitivo, esta vez libre de polvo y paja, es decir, prescritos los juicios penales y la persecución judicial por corrupción de su primer gobierno, confiado él, en sus atributos de demagogo, participó en las elecciones, representando al Partido Aprista Peruano.

La campaña de aquellas elecciones discurrió como siempre, plagada de descalificaciones personales y de trapos sucios en el aire. A Toledo, los de Unidad Nacional de Flores Nano lo acusaron de indigno al negar la paternidad de una hija suya de 13 años; se refirieron también a las continuas grescas conyugales con Eliane Karp; luego, el dudoso secuestro en 1998. En cambio García Pérez, dejando en el olvido su repudiable gobierno de evidente corrupción, desde una posición cómoda, aprovechó de los vituperios y acusaciones entre Toledo y Flores, adjudicándoles a Toledo como "izquierda" recalcitrante y a la otra, como derechista representante de los ricos, para situarse él, en el centro, con "propuestas concretas de gobierno" y autoproclamándose, como un estadista experimentado que había aprendido de sus errores del pasado. Pero para sorpresa de analistas y encuestadoras, el 8 de abril en la primera vuelta Toledo obtuvo el primer puesto con el 36,5% de los sufragios, García Pérez alcanzó el 25,8% y Flores Nano quedó en el modesto tercer puesto. De modo que la segunda vuelta electoral fue entre Toledo Manrique y García Pérez. Esta segunda vuelta, se realizó el 3 de junio del 2001 y fue Toledo quien ganó las elecciones con el 52,5% de los votos.

Aquí, empieza el nuevo capítulo de la historia política del Perú. Esta vez resaltado por un nuevo estilo económico de apropiación privada de los recursos de la nación; un neoliberalismo de Fujimori, dirigido por Toledo. Un nuevo y ambiguo rostro de su gestor, cuya acción depredadora será atenuado y distraído por novedosas cortinas de humo, que más adelante se precisarán.

El novísimo Presidente de la República, empezó su gestión con un mensaje a la Nación, definiendo desde Lima, como eje central de su gobierno, el combate contra el desempleo, la pobreza, la corrupción, el narcotráfico y la necesidad de desarrollar la industria turística, como fuente de ingresos. Al día siguiente de su mensaje, Toledo y sus esbirros se dirigieron a la ciudad del Cusco, en particular a la ciudadela Inka de *Machupicchu* y al complejo de *Saqsaywaman*, donde bajo el fervor de intonsos o dicho con mayor propiedad, comodines "sacerdotes indígenas", parodiando un inusual rito ceremonial, se hizo endilgar el título del nuevo *Pachacútic*, haciendo creer a la población originaria, como que éste, era el sucesor del grande *Pachakutik Inka Yupanki*. Pero esta pantomima quedará al descubierto como una de las tantas farsas electoreras de Toledo, cuando presenta su gabinete ministerial conformado por conspicuos neoliberales, excelsos representantes del Banco Mundial, del Fondo Monetario Internacional FMI y consumados *lobbistas*, como son el primer ministro, Roberto Dañino Zapata y el ministro de Economía y Finanzas, Pedro Pablo Kuczynski; quienes por supuesto, mandaron al canasto todas las promesas sociales de cambio. Así Toledo, se descubrió la careta real, para mostrarse ante el mundo tal y conforme era, un soldado neoliberal incondicional a las transnacionales.

Aquí invoco al lector una digresión necesaria para dar un vistazo la actuación de Pedro Pablo Kuczynki Godard (PPK) desde cuando éste, se introduce en las entrañas de la política peruana para lograr de la hacienda fiscal grandes beneficios con mínimos costos. Con este propósito se resume la trayectoria de este *"hábil mercader y experto lobista que no da puntada sin hilo"* como así y con una propiedad indiscutible sintetizó a PPK en sus investigaciones el Dr. Javier Diez Canseco, egregio congresista e infatigable luchador social que en paz descanse[5]. Las indagaciones del extinto congresista dan cuenta que Kuczynki Godard, luego de trabajar en el Banco Mundial en 1966 regresó a Perú para colaborar con el primer gobierno del Arq. Fernando Belaunde Terry; esta vez, como gerente del Banco Central de Reserva del Perú, hasta que por alguna razón que más adelante se dirá, tras el golpe militar de 1968 tuvo que fugar a los EE.UU de norte américa: "caminando, por las selvas del sur de Ecuador (fue una expedición de unas

---

5. Javier Diez Canseco;*De lobbista a candidato*: :
   http://www.larepublica.pe/21-03-2011/de-lobbista-candidato

tres semanas), llegamos a Guayaquil y de ahí nos fuimos a EEUU", así testimonia él de su huida. Desde ya, la interrogante de rigor que el lector se habrá de hacer ante esta bucólica confesión del señor Kuczynki será: ¿cuál habría sido la poderosa razón para que un encumbrado banquero fugara del país, atravesando la insana maraña de la jungla ecuatoriana? La respuesta para quienes aún no conocen es sencilla. Aquellos primeros años de la revolución del General Juan Velasco Alvarado (1968) a pesar de haber sido nacionalizada y tomada de posición la refinería de la Brea y Pariñas, la International Petroleum Company (IPC) logró extraer del Perú (octubre de 1968), la suma de 17 millones de dólares de la época, que al cambio actual, serían US$ 105 millones de dólares, gracias a la intervención directa de Pedro Pablo Kuczynski Godard, quien desde su cargo de gerente del Banco Central de Reserva, autorizó la transferencia y desembolso en favor de la empresa de Rockefeller. Este hecho en aquella ocasión, fue denunciado por la prensa peruana y el gobierno de entonces, por antipatriotas, enjuiciaron a: Kuczynski, Rodríguez Pastor y otros[6]. Para evadir a la justicia, Kuczynski, huyó del país en la forma que con sus propias palabras describe. Ya en los Estados Unidos Pedro Pablo Kuczynki por los importantes servicios a la International Petroleum Company (IPC) fue premiado con un puesto en el Fondo Monetario Internacional, como Jefe de la zona de Colombia, Venezuela, Panamá y Ecuador. Con el retorno del Arq. Fernando Belaunde Terry en 1980, fue nombrado ministro de Estado en la cartera de Energía y Minas, precisamente en el sector de su apetencia y fue él quien creó las condiciones

---

6. Roy Soto Rivera. 2001. Víctor Raúl: El hombre del siglo XX. Tomo III (1968-1979). Lima: Instituto Víctor Raúl Haya de la Torre, páginas 1012-1013.

estatales para el retorno de las transnacionales a la minería peruana. Creadas las condiciones deseadas por él, deja el cargo de Ministro de Energía y Minas del gobierno de Belaúnde Terry y en 1982 es nombrado presidente del First Boston Internacional. Para ocupar dicho cargo, le exigieron renunciar a la nacionalidad peruana y adoptar la de EEUU. Luego, fue director del Credit Suisse Group AG, desde donde promovió la ola privatizadora de latinoamerica con un Fondo de Inversión privada, fundado en Miami: el Latin American Enterprise Fund, asesorando a entidades bancarias y vinculándose a fondos de especulación financiera (Hedge Funds) que produjeron la crisis mundial del 2008 como el Rohatyn Group LLC.

En la férula de Fujimori intervino a nombre de capitales chilenos para comprar Hierro Perú, ofreciendo el 20% de su valor; en esta transacción, los chinos ganaron. Intervino también con su Fondo de Inversiones, en la compra de Edelnor, la distribuidora de energía eléctrica en Lima.

Ya en el gobierno de Alejandro Toledo: entre 2001 y 2002 fue ministro de Economía y luego, Primer Ministro entre 2005 y 2006; entre sus vinculaciones con empresas mineras, petroleras y gasíferas que son las preferencias de su oficio, destaca su trabajo para Hunt Oil. Luego entró en el millonario arreglo de Camisea para exportar gas. En estos tiempos, sus aspiraciones son privatizar SEDAPAL, concluir con la minería y el gas. En síntesis éste es el perfil del Dr. Pedro Pablo Kuzcinski, el *"hábil mercader y experto lobista que no da puntada sin hilo"*, a quien también el economista César Vásquez Bazán, ex Ministro de Economía de Alan García Pérez lo conoce como el *"logrado ejemplo de pendejo transnacional"*. El periodista César Hildebrandt por su parte, caracteriza como *"una omnívora piraña internacional"*[7].

Visto el perfil de uno de los conspicuos artífices de la política económica del Perú, volvamos al caso de Alejandro Toledo. En el curso de su gestión, como muestra de su vasallaje a la política norteamericana, entre explosiones de coches bomba en las cercanías de la embajada de los Estados Unidos en Lima el 21 de marzo de 2002 hizo posible que el presidente George W. Bush llegara al Perú, con la única y exclusiva misión de asegurar que la administración de Toledo suscriba en la Organización de los Estados Americanos OEA y en el de las Naciones Unidas NNUU, la estrategia global norteamericana para liquidar en la región, las actividades de las guerrillas colombianas, encubiertas con los "problemas hemisféricos" de narcotráfico, terrorismo internacional, derechos humanos, etc.

En la política interna, la preocupación central de Toledo fue, sin duda, aplicar a rajatabla las recomendaciones del Fondo Monetario Internacional (FMI), es decir, las privatizaciones y concesiones de los recursos naturales.

Funcionaron como cortina de humo de este proceso de desnacionalización, las siguientes acciones: la satanización, ubicación, captura y encarcelamiento del forajido Vladimiro Montesinos Torres; la extradición, el enjuiciamiento y encarcelamiento del ex presidente Alberto Fujimori, autoexiliado en el Japón y, la

---

[7]   Véase en el artículo: César Hildebrandt escribe sobre el voto por Pedro Pablo Kuczynski. Publicado el 25-03-2011 en Ask.com

persecución interna de los corruptos y seguidores de éste, a quienes los denominaron delincuentes fuji-montesinistas. A esta obsesión la llamaron política anticorrupción y vino acompañada de leyes anticorrupción, zares anticorrupción, jueces anticorrupción, tribunales anticorrupción. En fin, la captura de Montesinos, la extradición de Fujimori y la persecución de aquella mafia se tornó en problema nacional, que pesaba más que el desempleo, la pobreza y la exclusión social.

Al principio, detectar el paradero del ubicuo Montesinos parecía de nunca acabar, cada medio de prensa, por indicaciones del gobierno y desde luego, para venderse más, fabricaba su propia sensación; unos, mostrando al prófugo con mil deformaciones en el rostro, otros, urdiendo mitos sobre sus siniestras maniobras para enlodar a toda la casta política del Perú, hasta que finalmente, cual reguero de pólvora, llegó la noticia de su detención en Venezuela, el 24 de junio del 2002. Sin pérdida de tiempo, el Gobierno de Toledo, como si se tratara de un gran trofeo, entre bombos y platillos periodísticos, lo trajo a Lima, donde según los entendidos le aguardaba aproximadamente 43 procesos penales y 140 denuncias sobre un sinnúmero de delitos cometidos por aquel facineroso.

La captura del corruptor Montesinos, en una sociedad pasmada por la sensación periodística prefabricada, la pobreza, las insatisfacciones sociales acumuladas en la población, la violación de los derechos humanos, de las promesas electorales incumplidas, pasó a un segundo plano. Con esta sensación, a la gente del pueblo empobrecido, poco o nada parecía importarle su real situación; la cortina de humo, los tenía sedados y alelados, mientras que Toledo-Olivera, Dagnino,

Kuczynsky y la compañía de neoliberales, entre gallos y media noche, empezó a negociar con las transnacionales, la enajenación del patrimonio nacional. Con tal propósito utilizó a la nefasta institución denominada PROINVERSIÓN. Pero como todo humo se desvanece rápido y éste no podía ser distinto, Toledo, entre junio y julio del 2002, puso en marcha el proceso de privatización y empezó vendiendo las empresas eléctricas EGASA y EGESUR de la Región Arequipa. Esta determinación gubernamental fue truncada en redondo por la valiente actuación de la población arequipeña, la que al final con una masiva paralización regional de muchos días, puso el dedo sobre la llaga privatizadora y a Toledo, en la cuerda floja. Las unánimes protestas, cuidando la no privatización de los recursos, se expandieron por todas las regiones del Perú.

La gravedad de los disturbios en varios departamentos del país, particularmente en Arequipa, donde prácticamente hubo una revuelta ciudadana, indujo al Presidente, el 17 de junio del 2002, a declarar el estado de excepción por un mes, pero días después, pretextando falta de información al pueblo, tuvo que suspender las privatizaciones y sabe dios cómo se las arreglaron con la empresa belga Tractebel, ganadora de aquella licitación.

Para proseguir la faena privatizadora de las riquezas que aún quedaban o estaban en proceso de negociación, entre ellos, el proyecto polimetálico de Las Bambas, en Apurímac y el proyecto gasífero de Camisea, en el Cusco, el triunfo de la rebeldía popular en Arequipa, obligó al gobierno de Toledo, ensayar otras subliminales formas de manipular la conciencia popular y sedar la vigilancia ciudadana. Así pues el gobierno, en contubernio con los medios de comunicación y las transnacionales, se encargó de atiborrar a la ciudadanía peruana de emisiones: televisivas, gráficas y radiales sofisticadas, mostrando a la actividad empresarial del Estado, como la madre de la pobreza, el desempleo, la miseria y el atraso y contrariamente, enarbolando a las inversiones extranjeras, como la salvadora de la crisis económica y para complementar la ofuscación popular, entró en acción, la segunda fase de la cortina de humo, es decir, el cuento de la extradición de Alberto Fujimori.

Pese a que el Presidente Alejandro Toledo, amparado en su apariencia "étnica", más el cúmulo de promesas electorales en favor de las poblaciones marginadas del país, había empezado su administración con una popularidad del 80%; esta percepción, como consecuencia del incumplimiento sistemático de las promesas, su entreguismo al capital transnacional, maltrato a las clases populares, sobre todo, a la población indígena y, aprovecharse de esa marginalidad indígena, para mantener una falsa imagen internacional, concluiría en una furibunda indignación popular, expresada en una protesta nacional generalizada. Paros regionales, bloqueos de carreteras, huelgas, toma de locales, toma de centros mineros como en Tintaya y Yanaccocha, etc., linchamiento de autoridades locales y políticas, rebeldía de pueblos contra el Estado criollo, como es el caso de Ilave. En fin, el repudio a la política neoliberal de Alejandro Toledo y, la ineficacia de un vetusto Estado criollo que subsistía sobre las espaldas del pueblo indígena, mestizo y criollo empobrecido, se hizo consenso.

Igualmente, el gobierno enfrentó una serie de huelgas de trabajadores, convocados, primero, por los maestros del Estado sindicalizados en el SUTEP; luego, de los médicos y enfermeras del sector público, el poder judicial, los agricultores y cocaleros, lo que finalmente, dio una sensación aparente de desgobierno que, como de costumbre en el Perú, devino en declaratoria del Estado de Emergencia, lo que vale decir, recorte de las garantías y libertades constitucionales por un mes.

Los indicadores que retrataban la desaprobación a la gestión de Toledo bajaron hasta el 7%. Con este índice, la permanencia como Presidente de la República, se hizo incierta, la posibilidad de declarar la vacancia presidencial por incapacidad en el mando era una posibilidad; sin embargo, los políticos tradicionales, "duchos" en manejar estas situaciones a su favor y "en aras de la democracia" hicieron su trabajo, se comprometieron a mantener al alicaído Presidente de la República hasta el final, pero a cuenta de una nueva repartija del poder y otras gollerías políticas.

Si esto ocurría en el Perú, en el contexto de la política internacional, como eximio defensor del neoliberalismo, a espaldas y desoyendo el clamor del pueblo peruano, Toledo estableció acuerdos económicos y aceleró las negociaciones para el Tratado de Libre Comercio Perú - EE.UU. Igualmente, estableció acuerdos de libre comercio con el Mercosur, la Comunidad Andina y Tailandia. Con Brasil se acordó la ejecución de proyectos conjuntos, como las carreteras interoceánicas.

En síntesis, Alejandro Toledo se caracterizó por sumir al pueblo en la miseria y desesperanza, al hipotecar la riqueza a las transnacionales para contentar las exigencias del FMI. Además, mostró al mundo ilusiones estadísticas de un sostenido crecimiento en la economía peruana.

Es natural que en una sociedad como la nuestra, sedada por el monopolio de las comunicaciones y manejada por criollos testaferros de las transnacionales, la imagen mostrada del Perú, nunca será real. Siempre se exhibirá disfrazada en función a los intereses de la clase que usufructúa del poder. En esta ocasión el disfraz fue el trabajo de aquella alianza: gobierno-medios de comunicación y transnacionales, incorporando esta vez a los partidos políticos tradicionales, como protagonistas, para defender el sistema económico del neoliberalismo. Esta alianza, en los tramos finales del gobierno de Toledo, desarrolló dos acciones básicas: uno, disfrazar el fracaso de su gestión y evitar así el descalabro del neoliberalismo en el hemisferio; luego aunó a todas las fuerzas políticas tradicionales del Perú, que tienen en el neoliberalismo su medio de vida y constituyen un bloque sólido para imposibilitar el ascenso al poder político de las corrientes nacionalistas y autóctonas que buscan un cambio substancial en las estructuras del Estado criollo. De ahí que esta alianza, utilizando los consabidos medios de persuasión subliminal y con encuestas fabricadas, hicieron aparecer al gobierno de Toledo, como el mejor de los últimos tiempos y con más del 32% de aprobación; pero la mentira saltó a la vista, cuando el partido Perú Posible de Alejandro Toledo, en las elecciones del 9 de abril del 2006, a duras penas y con sospechas de fraude, llegó sólo al 4%.

Finalmente, el presidente Dr. Alejandro Toledo Manrique concluyó su mandato, dejando como tristes huellas: el incumplimiento de promesas a la población pobre, la enajenación del patrimonio de la nación, los cargos pendientes por la masiva falsificación de firmas en la inscripción de su partido político "País Posible" y los diversos escándalos, relacionados con sus familiares y allegados, acusados de tráfico de influencias. Su esposa fue acusada de malversación de fondos. Posteriormente fue objeto de otras denuncias por sus signos exteriores de riqueza.

2. El carnaval electoral del 2006.

El 2006 no sólo fue el año de la manipulación de encuestas y percepciones de repudio o aprobación del gobierno de Alejandro Toledo Manrique, sino, y sobre todo, el de las elecciones generales. Es más, fue el año de la comprobación de aquello que suele decirse: cuando los dominadores perciben que los pueblos oprimidos se aprestan en acceder al poder político, la democracia no es más que una palabreja que sólo sirvió y servirá para engañarlos. Y eso acarreará estas elecciones del 2006. Los partidos tradicionales, en defensa del manejo privado del Estado peruano y de las transnacionales que tienen intereses en la minería y la Amazonía, al verse acosados por la voluntad popular de cambio, no harán otra cosa sino, acudir a las más oscuras maniobras comunicativas para sedar la inconformidad de las mayorías populares y cerrar el paso a las opciones indígenas, mestizas y criollas empobrecidas y, posicionar en el poder a la alternativa, que más se acomode a los intereses de las transnacionales.

Esa alternativa para el periodo político que se avecinaba, se circunscribía a una de estas dos

43

opciones: El APRA, un partido *mundano* de extracción pequeño burgués, cuya historia política, se caracterizó, por un lado, proclamar en el discurso a favor de los pobres y en el ejercicio del poder, ponerse al servicio del capital transnacional y desde luego, con una propensión canina a la corrupción e incapacidad en el gobierno, nuevamente, liderado por Alan García Pérez; y, por otra parte Unidad Nacional (UN), una alianza de rancios partidos, con reminiscencias aristocráticas y plutocráticas, cuyo accionar político se caracterizó en la historia del Perú, por actuar como bisagra, entre los capitalistas nacionales e internacionales, nuevamente liderada por la Dra. Lourdes Flores Nano.

En tanto, la opción a la que no debieran permitir jamás el acceso al poder era la de Ollanta Humala Tasso, quien desde octubre del 2005 se constituyó en el líder del Partido Nacionalista Peruano y enarboló la defensa de la soberanía y dignidad nacional. Desde luego, este corso no sólo estaba conformado por las tres opciones antes indicadas, sino, por una retahíla de frentes y movimientos con sus respectivos caudillos, como cuñas o distractores de votos de los anteriores, para ganar su "alguito" en este río revuelto, denominada *democracia*, que más adelante, hará su repartija con creces.

En la práctica, las elecciones del 2006, no distinta a las anteriores, fue una guerra sucia entre las opciones, por las que las transnacionales, cuidando sus intereses en juego, apostaron y aportarán, grandes cantidades de dinero para comprar los medios de comunicación, alquilar a los mejores publicistas y garantizar el éxito electoral de sus "aliados", cautivando o embaucando a los intonsos electores. En ese contexto, aquellos partidos entraron en acción, premunidos de las consabidas ofertas electorales. Ollanta Humala al no contar con las firmas legalmente exigidas para inscribir su partido en el Jurado Nacional de Elecciones, buscó *"un vientre de alquiler"* y se unió a otro partido constituido, Unión por el Perú (UPP) y anunció su candidatura a la Presidencia del Perú. Según sus anuncios, representaba a los sectores más pauperizados del país y planteaba como su propuesta central, la refundación de una república nueva. Para ello prometió convocar a un Congreso Constituyente, revisaría los contratos de desnacionalización de los recursos naturales y el TLC con los Estados Unidos de norte-américa y por supuesto anunciaba una persecución implacable de la corrupción.

Sin duda, esta plataforma política en un país considerado "paraíso de la inversión transnacional" y propiedad privada de la sinarquía nacional, motivó a que la monstruosa maquinaria comunicativa que maneja las opciones tradicionales, hiciera polvo al nacionalista aquel, endilgándole el estigma de *Antisistema*, amén de diatribas y denuncias, relacionadas a su carrera militar, su extracción mestiza, sus relaciones familiares y económicas. La Iglesia católica también haciendo causa con la sinarquía, aprovechó la ocasión, para mostrar su antipatía política, protestando enérgicamente en canales de televisión, radios, sermones, púlpitos de misas y tedeums, aduciendo que la simpatía de Ollanta Humala, con el aborto, atentaba "contra la vida" y descalificaba su ascenso a la Presidencia de la República. Los judíos que en el Perú hay muchos, le acusaron también de xenófobo y Humala, para desvirtuar esta acusación, tuvo que ceder en la lista de sus candidatos al Congreso, un cupo para judíos. Los homosexuales y gays tampoco quedaron atrás, sacaron a la luz un trascendido de una presunta conversación de Ollanta Humala, donde podría haber dicho, que si llegaba al poder, *"fusilaría a los maricones"*. En fin, aquello era un verdadero cargamontón.

En cambio Alan García Pérez, demagogo profesional, haciendo de oídos sordos a sus estigmas del pasado, esta vez, para timar el voto de las clases populares, resentidas con la política de Alejandro Toledo, fustigó frontalmente la política neoliberal del toledismo y prometió, defender los intereses de los trabajadores, terminar con una legislación laboral anti-obrera y con los *sérvices*. Además, revisar los contratos lesivos para el país, cobrar a las transnacionales mineras, las regalías que habían dejado de pagar. Es más, les exigiría el pago de los impuestos a las sobreutilidades, generadas por la subida de precios de los minerales en los mercados internacionales, revisaría el monopolio de la Telefónica, revisaría y de ser el caso, retiraría su firma del TLC con los EEUU, aboliría la constitución fujimorista de 1993 y volvería a la de 1979. En suma, se presentó prometiendo un "cambio responsable" y endilgando a Lourdes Flores, el sanbenito de *"la candidata de los ricos"* y a Ollanta Humala como un militar extremista, aliado de Patria Roja y con propensiones a dictador, seguidor del presidente Juan Velasco Alvarado y del venezolano Hugo Chávez Frías.

Con aquellos preludios "democráticos", el 9 de abril de 2006 se realizaron las elecciones de la primera vuelta y como es lógico, tras el acto eleccionario vino la confirmación de lo que ya el pueblo sabía. El Jurado Nacional de Elecciones mostró el informe de los resultados al 100 %: Ollanta Humala de UPP había obtenido el primer lugar con el 30,62 % de votos válidos, seguido por Alan García del APRA, con 24,33 % y en la tercera posición, Lourdes Flores de UN con 23,80 %. Consecuentemente, la segunda vuelta electoral sería entre el candidato de UPP, Ollanta Humala, y el ex presidente, candidato por el APRA, Alan García Pérez.

Tras esta realidad, la parafernalia electoral del Jurado Nacional de Elecciones (JNE) y de la Oficina Nacional de Procesos Electorales (ONPE), entró en acción para la segunda vuelta. Los dos partidos en pugna hicieron también lo suyo. El candidato del APRA, diestro en estas lides, recibió la adhesión de los operadores políticos de las transnacionales y nacionales, con lo que se aseguró que los principales medios de comunicación, estén en sus manos y ordenó a sus partidarios a que unos orientasen que el caudal electoral de Unidad Nacional no se desbande y otros, convenzan con prebendas políticas a dirigentes de partidos, frentes y movimientos (cuñas y distractores) que participaron en estas elecciones, para que votaran por él en la segunda vuelta.

En la otra orilla, Ollanta Humala Tasso de Unión por el Perú armó también su batería electoral. Se dedicó a organizar actos de masas en las ciudades de: Trujillo, Ayacucho y Puno. Pero los campos de batalla electoral en estos tiempos ya no sólo eran: mítines en las grandes ciudades, periplo por pueblos olvidados de tierra adentro, paseos de automóviles, pompas y banderitas, visitas a barriadas populosas, mercados y promesas allí; sino, la televisión, el internet y la radio, eran los medios más contundentes para emitir bombardas publicitarias. El partido aprista, aprovechó al máximo su potencialidad económica, afinidad con los medios y mostró a Humala, como a un redomado *Antisistema* y a Alan García Pérez, como al gobernante de experiencia. En esta segunda vuelta electoral ya no fueron los candidatos, quienes personalmente se encargaron en manipular aquellas herramientas del mundo globalizado; sino sus adláteres, interesados en que sus objetos políticos ganen las elecciones, se encargaron de tal tarea. Tras largos días de pactos y arreglos, ellos acordaron enfrentar a sus candidatos en un debate televisivo, supuestamente, para que desde allí, expusieran temas que, según los sabios de aquel entorno, interesaban al pueblo: Democracia, Gobernabilidad y Derechos Humanos, Política Económica y Lucha contra la Pobreza, Política Social y Política Anticorrupción, Descentralización y Seguridad Ciudadana. Los apristas o sus asesores, cuidando no mellar la imagen de su candidato, impusieron a que en el desarrollo del debate, no se tocara el pasado corrupto de su primer gobierno y como que así quedó pactado. Consensuada aquellas condiciones, en la tarde del domingo 21 de mayo de aquel año, ambos candidatos, cada uno desde su podio y en sujeción a las reglas de juego aceptadas, expusieron sus puntos de vista sobre los temas en cuestión.

El Debate lo transmitió la Televisión Nacional del Perú y por intermedio de esta, las televisoras y estaciones radiales de todo el Perú, irradiaron los mensajes temáticos; en cada una de las televisoras y emisoras radiales, usuarias, un pool de comentaristas adscritos al partido aprista: políticos, empresarios y hasta trabajadores, desde luego pagados, se encargaron de ensalzar los planteamientos de García Pérez y satanizar a los de Ollanta Humala. Al día siguiente, como era de esperar, titulares sensacionalistas de diarios escritos, televisivos y radiales de Lima y provincias, informaban al pueblo, el triunfo de Alan García Pérez en el debate.

Esto fue el preludio de la pantomima electoral de la segunda vuelta del 2006 y quiérase o no, si no hay cambio en las bases de nuestra sociedad, será siempre igual.

Finalmente, como colofón, el 4 de junio del 2006 Alan García Pérez, premunido de aquella monstruosa maquinaria electoral, ganó las elecciones de la segunda vuelta, con el 52,62% de votos a Ollanta Humala Tasso, quien logró el 47,37%. Consecuentemente el 21 de junio de 2006, el Jurado Nacional de Elecciones, acreditó a Alan García Pérez, como Presidente Electo del Perú, reemplazando a Alejandro Toledo Manrique.

3. Traspaso y obsesión por el poder.

El nuevo capítulo de la historia política de esta República criolla seguirá su curso; ésta vez, conducido por un remozado caudillo. Pero antes de continuar, debo dejar aclarada la razón que me indujo a ser minucioso en describir actitudes y hechos indignantes que se producen en el traspaso del poder político y esto, explico así. En un país, donde sus captores han escogido la democracia como *medio político,* para el manejo privado del Estado, caso del Perú, en la alternancia del poder, los hechos, como los que he señalado y señalaré, son pasos normales e inexorables, "democráticamente" consensuados entre sus seculares tenedores y en esa dinámica, la mayoría peruana somos sólo sujetos pasivos, destinados a depositar nuestro voto, de cuando en cuando en el ánfora, sin pensar que con el tal voto estamos delegando poderes a una cáfila de sórdidos, para que arruinen los destinos del pueblo y el de la patria. En ese contexto, esta "democracia", resulta siendo algo así como una intermediaria que legitima los actos corruptos e indignos de una clase parásita y, muestra al pueblo como si aquellos resultados fueran obra suya, como tal, de estricto acatamiento y cumplimiento. Esta es la síntesis de la historia política del Perú criollo, a la que renombrados historiadores, sabrán ellos porqué, no las registran, menos muestran, tal y conforme fue y es. Desde luego, obviar hechos históricos vejatorios para la sociedad o, minimizarlos, lindan con una premeditada intención de obnubilar la memoria generacional y enseñar la historia a la posteridad, en función del interés de quienes usufructúan privadamente del Estado.

4.Partidos políticos en el Perú:

En este acápite, con perdón de los sociólogos, politólogos y académicos peruanos, para obviar disquisiciones teoréticas, hablo de los partidos políticos que tanto usted como yo amable lector, conocemos desde cuando niños fuimos; nuestros abuelos y tatarabuelos las conocieron, y las generaciones venideras las seguirán conociendo como tales. De modo que, no hablo de aquello que dejó definido el ilustre pensador Max Weber: "como una comunidad cuya acción social se orienta hacia la subordinación a un orden establecido por los participantes de un territorio y de la conducta de las personas que pertenecen a él, a través de su disposición a recurrir a la fuerza física, incluyendo la fuerza armada" o como las tantas definiciones que en los Diccionarios de ciencia política se concluyen. Con esta necesaria aclaración, la política partidaria en el Perú, desde cuando el 10 de enero de 1822, el Generalísimo José de San Martín y don Bernardo de Monteagudo, fundan el primer partido político del Perú, denominado La Sociedad Patriótica, hasta la infinidad de partidos políticos de nuestros días, siempre fue una estrategia camuflada por las apariencias del "sistema democrático" para que los interesados accedan y hagan uso privado del Estado peruano. En el contexto práctico, una empresa política que derrocha tiempo e invierte mínimos costos para lograr grandes beneficios económicos. En síntesis, el Estado como fuente de riqueza, más rentable que los grandes yacimientos mineros, petrolíferos y gasíferos; codiciado por empresarios y narcotraficantes. En fin, esta es, la visión, el objetivo y la meta de los partidos políticos en el Perú, desde: Castilla, Vivanco y Echenique (1851-1870); el civilismo (Manuel Pardo y Lavalle), los militares, la república aristocrática (1871-1927)[8] y de los llamados partidos de masas (1985 al 2011. La historia política del último segmento (1985-2011), muestra el siguiente espectáculo: Un Presidente de la República que termina sus dos mandatos gubernativos con presunción de enriquecimiento ilícito e investigado por el Congreso en las dos ocasiones; la primera, con acusación constitucional, una causa judicial truncada por prescripción y el segundo, una investigación con signos aparentes de corrupción, enturbiada por presiones políticas. Otro Presidente de la República, protagonista de la más monstruosa corrupción, latrocinio y atropello de los derechos humanos de la historia peruana en la cárcel y desde donde, maneja operadores políticos (bancadas) y medios que hacen zozobrar a los poderes del Estado. Y este otro Presidente, investigado en el Congreso y en el Poder judicial por sospechas de enriquecimiento ilícito. Respetado lector, esto no queda aquí, Congresistas de la

---

[8] QUIROZ, ALFONSO, W: *Historia de la corrupción en el Perú*; IEP Instituto de Estudios Peruanos, Lima 2013, Capítulos: 2,3,4,5,6 y7. Y, *Sistema político peruano*, FERNANDO TUESTA SOLDEVILLA, Agosto 2007.

República, elegidos casi en exclusividad para custodiar actos corruptos en el legislativo y venido el caso, defender con "uñas y dientes" al corruptor. En suma, una asociación lícita para delinquir.

5. El caso particular del APRA:

5.1. Una sinopsis histórica del APRA

Ahora bien, dado que en este apartado del ensayo, entramos a los dos periodos gubernativo del APRA y por ironías de la democracia, del Presidente Alan García Pérez; es necesario dar una mirada retrospectiva y resumida de la naturaleza de este partido y el rol que desempeñaron sus dos líderes, cada uno en su tiempo:

El APRA, no escapa de la dialéctica sintetizada en el anterior ítems; fue el engendro de un líder criollo, obsesionado o iluminado por la política, como medio, para el acceso al poder; desde su génesis hasta donde le cupo llegar, trasmontó circunstancias inexorables inherentes al objetivo que se planteó. Nos estamos refiriendo a su jefe y fundador don Víctor Raúl Haya de la Torre, quien los primeros años, haciendo gala de su verborrea y escarnio de las circunstancias sociales, políticas y económicas de su tiempo, fundó el partido, escribió programas e idearios, fundó tabloides, acopió adeptos entre los inconformes criollos y los mezcló al fragor de las inquinas políticas del país de entonces. El mérito político, fue el ser abanderado de la lucha por las 8 horas de trabajo en el Perú. Luego, acaecieron hechos y víctimas como los de Trujillo y su secuela, surgió un líder y un partido político que aglutinó a los inconformes de la urbe y los enquistó a la plutocracia criolla como su sostén de coyuntura. Desde entonces, actuará como lo que era, un partido político propio de aquel Perú: "Una república sin indios" y su líder, un caudillo experto en manejar las circunstancias políticas del Perú, de acuerdo al interés de quienes los sostenían económicamente; desde la sombra y siempre presente en: componendas, contubernios, conspiraciones, negociados, diatribas, pactos y alianzas. En esta tortuosa dinámica, transcurrió el APRA hasta fines de los 70 del siglo pasado. Tras el golpe de Estado de Juan Velasco Alvarado y su Junta militar, al igual que los otros partidos políticos del país, entró a un periodo de cura de silencio, hasta que Francisco Morales Bermúdez, abrirá un resquicio en la política peruana, para el retorno de los "partidos tradicionales" que se encontraban próximos a colapsar por "inanición". La convocatoria al Congreso Constituyente de 1979, será esa tabla de salvación. Gracias a ese evento, el APRA empezará a cosechar los beneficios esperados; es decir, el uso privado del Estado. A su líder "fundador", apenas le cupo ser Presidente del Congreso Constituyente y con ello, la satisfacción de dejar aprobada una Constitución Política que de alguna manera expresaba sus aspiraciones criollas para el futuro del Perú. Pero ironías de la vida, don Víctor Raúl Haya de la Torre, murió en 1979, sin haber gozado a plenitud de los beneficios de su creación y lo peor, sin jamás imaginar que sus preclaros seguidores, pasado un tiempo no muy lejano, embelesados por el brillo del capital transnacional, mandarían al canasto la Constitución de 1979, por inservible y desde entonces, los "líderes históricos" del APRA, empezarán al acopio de las máximas ganancias, y del Perú harán un negocio pingüe. Tras la muerte de Haya de la Torre, la escisión del APRA se hizo realidad. Armando Villanueva se constituyó en el líder histórico y éste a su vez, consolidará como Secretario General del partido al joven Alan García Pérez, quien en adelante será el beneficiario directo de las recompensas del poder.

La corrupción se define como el abuso de un servidor público de los poderes del Estado a favor del beneficio propio o de intereses privados. Conforme tengo dicho, históricamente el poder político en el Perú, coexiste con la corrupción. Es algo así como el árbol del Palosanto y la hormiga tangarana: viven en simbiosis. El APRA y la corrupción, están hechos el uno para el otro.

En los entuertos políticos del país, gracias a prácticas corruptas, olvidó a sus caídos en Trujillo, pactó coalición con sus más acérrimos perseguidores (Coalición APRA-UNO), avaló golpes de Estado y en la conducción del único y reciente heredero (1985-1990), sumió a las familias del Perú en la peor crisis económica y a sus seguidores, los bendijo con las rentas de la corrupción; pactó componenda con el entrante gobierno de Fujimori para un simulado asilo, a cambio, sus líderes históricos se sometieron al dictador (1990-2000). En su siguiente turno, hizo suya una Constitución espuria, aprobó leyes y decretos a favor de las transnacionales, enajenando los recursos naturales; en el Congreso vendió e hipotecó los votos de su bancada al interés de las transnacionales, festinó el erario nacional, instituyó la corrupción como política de gobierno, masacró a las poblaciones que rechazaron el impacto de la minería y las transnacionales (2006-2011). En suma, cuando la torta del Estado llegó a sus manos, en dos ocasiones, hizo del Perú su propiedad privada.

A continuación, una síntesis descriptiva de la conducta del APRA en el primer periodo gubernativo y el amable lector, sin mucho esfuerzo, constatará que la marca de la corrupción, tanto del primer periodo como del segundo, que se verá más adelante, llevan lacradas la misma firma y desde luego, los hechos, pareciera que fueran la continuación de este primero.

El APRA no estuvo exenta de relaciones con los tentáculos del tráfico ilícito de estupefacientes, como es el caso del narcotraficante Carlos Langberg Meléndez; éste que en 1979 sufragó parte del tratamiento médico de Don Víctor Raúl Haya de la Torre en el Hospital Houston y, tras su muerte, compró la finca Villa Mercedes, donde el extinto líder había vivido y después la donó al partido Aprista. Langberg Meléndez hizo fortuna en México y por sus fuertes vínculos con el narcotráfico, el 29 de setiembre de 1980, en Acapulco fue detenido con un cargamento de Cocaína; se valió de sus influencias políticas para salir indemne del asunto[9]. Llegó al Perú cuando en el partido aprista, el entonces joven congresista y promesa Alan García Pérez daba sus primeros pasos en el oficio de la política peruana. A esa fecha, Langberg era dueño de un diario denominado PM, un periódico pequeño donde por consignas del APRA atacaba constantemente al gobierno del Arq. Fernando Belaunde Terry hasta que en el año 1982 fue descubierto, procesado y sentenciado a 15 años de prisión por tráfico ilícito de drogas.

5.2. El primer periodo (1985-1990):

a. Alan García Pérez, Presidente del Perú en 1985, no bien tomó el poder, para devolver favores políticos a 12 empresas que financiaron su campaña electoral, conocidas como los doce apóstoles de García Pérez[10],

---

9   **Gorriti, Gustavo**; La calavera en negro: el traficante que quiso gobernar un país. Lima: Editorial Planeta, 2006, pp. 131-148.

10. VARGAS HAYA, HÉCTOR: Frustración democrática y corrupción en el Perú. Lima   Editorial Milla Batres, 1994:pp. 10,28 y 130.

entre ellos el Grupo Romero[11], creó el Mercado Único de Cambio o Dólar MUC, regalándoles divisas extranjeras a una tasa baja y subsidiada, hecho que deprimió al pueblo peruano. Es más, cuando el caso García Pérez se judicializó, el poder judicial estableció responsabilidad penal en los siguientes términos: "(9) Que, está acreditada la vinculación económica entre el procesado Alan García Pérez y el referido Alfredo Zanatti -quien brindó al procesado el uso de la mencionada cuenta cifrada ..., la misma que viene desde el año 1987 cuando el ex-Presidente García favorece a Zanatti con el otorgamiento de dólares preferenciales al amparo del régimen de los dólares MUC, beneficiándolo con el 88% de los dólares MUC que el BCR había otorgado al sector Transportes y Comunicaciones, por lo que el ex-Presidente le requirió como 'contribución' la suma de US\$ 1'250,000.00 y la adquisición del 66% de las acciones de la empresa Radiodifusora 1161-Canal 13, ..."[12]

b. En mayo de 1986 se descubrió una transferencia de 215 millones de dólares del Estado peruano al Banco Internacional de Crédito y Comercio Internacional (BCCI); la operación fue hecha por el Banco Central de Reserva del Perú, su dimensión criminal se supo cuando un Tribunal Federal del Estado de Florida y el fiscal Morgenthau de los EE.UU de Norteamérica, demostraron que el BCCI era una institución financiera de la mafia, especializada en el lavado de activos del narcotráfico y otros delitos, que entregaba coimas a gobernantes para que le confiaran sus reservas internacionales. Fue allí

---

11. "Dionisio Romero": "Sí financiamos campaña de Alan". En La República, 14 de agosto de 1987, pp. 15-19 .
12. PODER JUDICIAL; INFORME FINAL Expediente N°001-95 25.03.96

donde Alan García Pérez había ordenado a Leonel Figueroa, Presidente del BCR, y Héctor Neyra, Gerente, se depositasen las reservas del Perú. Tiempo después, gracias a una sentencia de aquel tribunal norteamericano en 1991, los 215 millones de dólares retornaron al Perú[13].

c. Del mismo modo, el primer gobierno de Alan García Pérez se vio mezclado en el encubrimiento del tráfico de armas en conexión con el General Manuel Noriega de Panamá y el Ministro de Interior Agustín Mantilla (caso Pía Vesta). Este último, acusado también de proteger a comandos paramilitares[14].

d. El 16 de agosto de 1990, en una de las primeras sesiones de la nueva legislatura y nuevo gobierno (Fujimori), se aprobó la moción multipartidaria en la Cámara de diputados, creando la comisión especial que investigara las transacciones locales y extranjeras de García Pérez durante su mandato. Simultáneamente también se planteó una acusación por violación de los derechos humanos en la masacre de penales de 1986. Esta se frustró gracias al entendimiento entre apristas y fujimoristas. De ahí que la Comisión básicamente se ocupó de la situación financiera del ex Presidente de la República y estuvo conformado por los diputados Fernando Olivera (FIM), Lourdes flores (PPC), Pedro Cateriano y Fausto Alvarado. Los cargos incriminados al ex presidente García Pérez fueron: Enriquecimiento ilícito como funcionario público

---

[13]. QUIROZ, ALFONSO W.; La historia de la corrupción en el Perú: e HINOJOSA, GHIOVANI: La fosa y el péndulo: Nutrido prontuario político y policial vincula al APRA con el narcotráfico internacional: en HILDEBRANDT en sus trece; 09/08/2013, Año 4, N°164, pp. 10 y 11

[14] . CATERIANO, PEDRO; El caso García; Lima, 1994.

por mostrar indicios aparentes de ingresos no declarados de dudoso origen, y probables ganancias ilegales provenientes de su participación directa en los casos de la compra de los aviones mirage y el BCCI[15] .

e. En las indagaciones acerca de bienes patrimoniales y demás fuentes de riqueza mimetizadas, tanto en el país como en el extranjero, de García Pérez, la Comisión se vio limitado por los funcionarios fujimoristas, quienes obedeciendo a los entendimientos con el APRA, se negaron a brindar información. Esto obligó a contratar dos agencias privadas de investigación: Kroll de Nueva York y Larck de Miami, quienes empezaron a descubrir en los Estados Unidos de Norteamérica indicadores razonables sobre cuentas bancarias de Alan García Pérez y su entorno [16].

f. El APRA para desvirtuar la seriedad de aquellos hallazgos, por intermedio de Jorge del Castillo, abogado de Alan García Pérez, contrató a la firma legal Arnold & Porter de Washington, D.C. Esta empresa, con triquiñuelas jurídicas, arremetió contra las empresas que trabajaban para el Estado peruano que, dicho sea de paso, se encontraban impagos por sus servicios. El APRA y sus allegados en Lima, aprovecharon estas circunstancias para desacreditar los hallazgos de la Comisión Olivera. En conclusión, el Estado peruano, como siempre, resultó el gran perdedor y la corrupción triunfó.

g. En el segundo gobierno de Fernando Belaunde

---

15. QUIROZ, ALFONSO, W: Historia de la corrupción en el Perú; IEP Instituto de Estudios Peruanos, Lima 2013, pp 249-260.

16. QUIROZ, ALFONSO, W: Historia de la corrupción en el Perú; IEP Instituto de Estudios Peruanos, Lima 2013, p. 357.

Terry, año 1982, se decidió adquirir 26 modernos aviones "Mirage 2000" sin armamento, valorizado en 300 millones de dólares; la operación se concretó el 11 de octubre de 1982 en la suscripción del Convenio Júpiter I con las empresas Dassault, SNECMA y Thomson, quienes se comprometían fabricarlos por la suma de 4,564 millones de francos franceses. Pero, debido a factores económicos fluctuantes se reajustó aquel monto y dio lugar al convenio Júpiter II, aumentando el costo a 4,960 millones de francos suizos y recién la entrega se concretaría un año después de la suscripción, es decir en el periodo del siguiente gobierno. Este gobierno resultó siendo el APRA.

Alan García Pérez, apenas juramentó como Presidente del Perú, anunció que esta compra era excesiva y en demostración de la vocación pacifista de su gobierno, iba a devolver 14 de los 26 "Mirage 2000" y como que en efecto, esta decisión se concretó en el nuevo Convenio Júpiter III, por el cual el Perú terminaba adquiriendo solo 12 "Mirage" y un simulador al precio de 32 millones 833 mil dólares cada uno; precio superior al consignado en los anteriores convenios. En síntesis, tras las investigaciones la Comisión concluyó y reveló que el Estado peruano en la compra de los 12 aviones "Mirage", había perdido un ingreso potencial de trecientos millones de dólares.

h. En octubre de 1991, el Congreso de la República, por mayoría, tanto en Diputados como en Senadores, decidió suspender la inmunidad del ex -presidente Alan García Pérez[17]

---

17. PERÚ: CONGRESO DE LA REPÚBLICA, CÁMARA DE DIPUTADOS, "Informe final de la Comisión investigadora sobre las operaciones y

i. Igualmente, no bien Alan García Pérez asumió la presidencia del Perú, el APRA con Jorge del Castillo a la cabeza, lanzó como Campaña Municipal la construcción de un tren eléctrico para Lima y Callao. El 20/02/1986 con DS. N°001-86-MIPRE, se declaró de necesidad pública y de preferente interés social el Establecimiento de un Sistema Eléctrico de Transporte Masivo para la ciudades de Lima y Callao y crea además, la Autoridad Autónoma del Proyecto Especial del Sistema Eléctrico de Transporte Masivo-AATE, decisión reafirmada mediante Ley N° 24565 del 30 de octubre de 1986. Durante el periodo de 1986-1990, la AATE, mediante el Consorcio TRALIMA, una agencia vinculada con el Departamento italiano de Asistencia Exterior, gestionó la construcción del tren eléctrico; entre otras, la ejecución parcial de 3.5 km de viaducto sobre la Av. Aviación. Hasta aquí, juzgando por las características establecidas en la norma, indicaba que la preocupación del gobierno aprista en la solución del transporte urbano de Lima parecía evidente. Pero, andando el tiempo, se vino en descubrir que dicha obra era un carrusel de facinerosos que lucraban con los fondos del Estado y el hedor vino por sí sólo desde Italia.

j. En noviembre de 1993, se obtuvo información crucial contra Alan García Pérez, cuando el fiscal italiano Vittorio Paraggio llegó a Lima para investigar la corrupción del ex presidente italiano

---

adquisiciones de inmuebles en el Perú y el extranjero, vinculadas con el patrimonio personal del Sr. Alan García Pérez, durante el ejercicio de su actividad como funcionario público", marzo-mayo de 1991; "Acusación Constitucional dictamen de la Comisión especial encargada de la denuncia contra el doctor Alan García Pérez", 23 de setiembre de 1991, en Archivo General del Congreso de la República AGCR y, CATERIANO, PEDRO; El caso García,pp.168-169.

Bettino Craxi y de su Ministro de Relaciones exteriores Giulio Andreotti. Con esta visita, el sonado caso del tren eléctrico llegó a los niveles máximos del poder judicial. Tras una exhaustiva investigación penal, la Fiscal Supremo en lo Contencioso Administrativo, en su Dictamen N° 1750-95 dirigido al Vocal Instructor: Expediente N°001-95, (Caso García-Siragusa) concluye entre muchas otras: "... Que el Sr. Luciano Scipione Clarini, Presidente del Consorcio TRALIMA que suscribiera los contratos con la Autoridad Autónoma ha reconocido el pago de comisiones por el Proyecto del Tren Eléctrico de Lima ... y la persona que hacía efectivo el pago de comisiones al ex-Presidente Alan García Pérez fue el señor Sergio Siragusa Mulle, asesor del Consorcio TRALIMA ... que tuvo varias reuniones con Alan García Pérez ... y una en Roma el 07 de Septiembre de 1989 oportunidad en la que lo invitó a subir al auto oficial para asistir a la ceremonia de inauguración del tren de Roma, en un tramo, circunstancia en la que Alan García Pérez le manifestó que el señor Bettino Craxi le estaba tomando el pelo por cuanto el señor -Bettino Craxi- si había recibido la contribución partidaria y que Sergio Siragusa tenía que informar a la plana mayor sobre su exigencia de la contribución de por lo menos seis cifras, es decir un millón de dólares y que existía la impostergable necesidad de contar con la primera contribución del $500,000 para cubrir los costos de la campaña del Municipio de Lima; ... el testigo Sergio Siragusa Mulle sigue manifestando que en los primeros días de Octubre de 1989 en Palacio de Gobierno le entregó a Alan García Pérez en efectivo, $ 200,000 ... que luego se efectuaron tres remesas con fechas 11 de Octubre de 1989 de $ 300,000 en la cuenta cifrada N°285762361-2952735 del Barclays Bank del Gran Caimán; con fecha 14 de Enero de 1990 se efectúa una remesa de $ 300,000 a la misma cuenta y el 14 de Agosto de 1990, otra por $240,000 a la misma ..."[18]

k. Don Agustín Mantilla, desde 1979, fue secretario personal y asesor de Alan García Pérez durante el primer gobierno aprista (1985-1990), fue Vice-ministro y después Ministro del interior. El periodismo lo vinculó con el grupo paramilitar y terrorista Rodrigo Franco. Tras el autogolpe de Fujimori en abril de 1992, García Pérez escapa del Perú; y Agustín Mantilla queda recluido por quince meses en el Hospital Militar. Luego, al salir de alta, asume la secretaría general del APRA y en 1995 es elegido congresista por el APRA y se adhiere a la bancada fujimontesinista. El 13 de marzo del 2000, como jefe de campaña del partido aprista, es captado por una grabación de video, recibiendo 30,000 dólares de Vladimiro Montesinos, para gastos proselitistas y así ayudar a la credibilidad de las elecciones del 2000[19] . Se supo también de la existencia de dos compañías en las Islas Vírgenes británicas de los hermanos Agustín y Jorge L. Mantilla, con cuentas en la Union Bank of Switzerland (UBS) que movieron más de seis

---

18. PERÚ; Corte Suprema de Justicia , Sala Penal Especial: Expediente .A.V. 01-95, 10 ANEXOS, acusados: Alan Gabriel García Pérez, agraviado: el Estado, delito: colusión ilegal, negociado incompatible, cohecho pasivo y enriquecimiento ilícito. Véase también: Dictamen N° 1750-95, dirigido al Señor Vocal Instructor: Expediente N°001-95 de NELLY CALDERÓN, Fiscal Supremo en lo Contencioso Administrativo.

19. Transcripción parlamentaría oficial de los videos N°1830 y 1831, en Perú, Congreso: La sala de la corrupción. videos y audios de Vladimiro Montesinos (1998-2000). Editado por Antonio Zapata. Lima: Fondo Editorial del Congreso del Perú, vol. 4, pp.2203-2211 en: QUIRÓZ W. ALFONSO: Historia de la corrupción en el Perú, Instituto de Estudios Peruanos, Lima 2013, p.360.

millones de dólares abiertas entre diciembre de 1990 y enero de 1991 y, según sus manifestaciones, los fondos provenían de donaciones extranjeras no fundamentadas para las campañas del APRA en el Perú. Por estos hechos Agustín Mantilla estuvo preso cinco años.

5.3. Conclusiones sobre el primer periodo gubernativo del APRA.

El autogolpe de Alberto Fujimori del 5 de abril de 1992, fue para Alan García Pérez una tabla de salvación, por cuanto desmanteló todo un proceso de juzgamiento ejemplar, ya que con el asilo en la Embajada colombiana, tradicional refugio aprista y el amparo del presidente colombiano César Gaviria, quien dispuso personalmente un avión militar para llevarlo del Perú y bajo la aquiescencia de Alberto Fujimori, le permitió evadir una secuela de sentencias por graves delitos cometidos contra el Estado peruano. Es más, el 7 de febrero de 1995, la Comisión Interamericana de Derechos Humanos (CIDH) de la Organización de los Estados Americanos (OEA), esta vez encabezada por el ex presidente colombiano César Gaviria, el mismo que le facilitó el asilo, como para refrendar una ignominia corrupta, emitió un informe que concluye que el Estado peruano es responsable: "1) ... de la violación del derecho a la libertad y seguridad personal, del derecho a la intimidad del Dr. Alan García Pérez, su esposa y del derecho a la protección especial de los hijos del ex-Presidente (artículos 7, 11 y 19 de la Convención Americana) por los hechos que tuvieron lugar el 5 de abril de 1992. y 2) "...El Estado del Perú es responsable de la violación del derecho a las garantías judiciales y debido proceso legal del Dr. García Pérez (artículo 8 de la Convención Americana)...". Con tales fundamentos la OEA emitió la resolución recomendando al Estado peruano: "...adoptar las medidas necesarias para restablecer el *status quo ante*, reponiendo al Dr. Alan García Pérez en el ejercicio de sus derechos violados" y, "Recomendar al Estado del Perú reparar las consecuencias ocasionadas por la vulneración de los derechos humanos del Dr. Alan García Pérez, su esposa e hijos."[20] Como correlato, la Sala criminal especial encargada de administrar el caso N°01-95 (García Pérez), después de la caída de Alberto Fujimori, en el período del Dr. Valentín Paniagua Corazao, estando de Ministro de Justicia, Diego García Sayán, aprobó se desestimaran los cargos criminales contra García Pérez, debido a la prescripción de los delitos. Es decir, fueron archivados, no porque se demostrara su inocencia, sino porque durante aquel tiempo vivió fuera del país (declarado reo contumaz) y el plazo judicial para juzgarlo se había vencido.

En síntesis, el segmento que corresponde al primer periodo gubernativo del APRA se caracterizó por una administración de evidente rapiña y abuso en superlativo del poder político, para beneficiar con los recursos del Estado a una élite política del gobierno aprista, en particular al entonces Jefe de Estado Alan García Pérez; corrupción que gracias a la complicidad del gobierno de Fujimorí, descuido y/o escepticismo de los subsiguientes gobiernos de turno, quedó lacrada en la impunidad endémica, como una institución consensuada del Estado

---

[20]. COMISIÓN INTERAMERICANA DE DERECHOS HUMANOS (CIDH); INFORME N 1/95, CASO 11.006: 7 de febrero de 1995.

peruano en el proceso de apropiación del Estado en beneficio privado.

5.4. Segundo periodo gubernativo

Aclarado esto, vayamos al segundo periodo gubernativo. Alan García Pérez emprendió su segunda gestión, consciente de su papel y consigna, garantizar la continuación del neoliberalismo, como política económica del Perú. La primera ocasión para mostrarse ante el mundo capitalista, como el adalid del neoliberalismo fue al abordar el problema de la Telefónica que en aquella ocasión expoliaba al pueblo, con el cobro de una tarifa arbitraria, el mismo que en su campaña electoral, había cuestionado y era *vox populi*, la revisión del contrato con la multinacional española que monopoliza la telefonía nacional. Pero, en el momento oportuno y sin testigos, el Presidente de la Telefónica llegó y se entrevistó con el Presidente García Pérez y tras las consabidas fotografías en palacio y anuncios de importantes inversiones en la telefonía nacional, el asunto del monopolio telefónico quedó zanjado y olvidado para siempre.

Luego realizó un periplo a los Estados Unidos de Norteamérica[21], se reunió con su homólogo George W. Bush, ante quien se comprometió seguir con la política económica de Alejandro Toledo y aprobar los Tratados de Libre Comercio con Estados Unidos y los que vengan. Paso siguiente, se congregó con los representantes de las grandes transnacionales del mundo (inversionistas: minería, hidrocarburos,

---

[21]. La primera visita del Dr. Alan García Pérez en compañía del Dr. Juan Antonio García Belaúnde a los Estados Unidos de Norteamérica se produjo el 10/10/2006.

etc.), a quienes no sólo les ofreció las riquezas del Perú, a precio huevo; sino, estabilidad económica, jurídica y una absoluta paz social, para garantizar que sus inversiones en el Perú tengan éxito; es más, para viabilizar aquellos acuerdos dejó a sus operadores económicos, con quienes harían los tratos previos en su momento. Y a modo de operador de aquella alianza, nombró como Ministro de economía y Finanzas a Luis Carranza Ugarte[22], economista, que desde tiempos atrás se había encargado de mantener la política económica neoliberal de anteriores gobernantes y además era un preclaro fondomonetarista. Este, en el ejercicio de sus funciones, para allanar el advenimiento o flujo de nuevos capitales transnacionales, reforzar las ya existentes y por añadidura, anclar la inversión privada nacional a la dinámica transnacional, rápidamente se empeñó en afianzar el cuestionado Sistema Nacional de Inversión Pública (SNIP)[23], principal mecanismo técnico-económico para engrilletar las acciones de los gobiernos regionales y municipales a la sujeción del poder central de Lima, subordinando la programación, financiamiento y ejecución de obras a un conjunto de parámetros técnicos, económicos y sociales preestablecidos, desde el Ministerio de Economía y Finanzas. En la práctica, estas triquiñuelas tecnocráticas en un país con un tecnicismo atrasado, estaban concebidas exclusivamente a lograr ciertos objetivos políticos, indispensables para el funcionamiento de la política económica interna y externa: El primer objetivo económico fue crear las condiciones legales y

---

[22]. El Dr. Luis Carranza Ugarte, fue nombrado el 28/07/2006.
[23]. LEY Nº 27293, ó Ley del Sistema Nacional de Inversión Pública; modificada por Ley N°28522 del 25/05/2005.

administrativas internas (PROINVERSIÓN, SNIP y otras), para cumplir con los inversionistas transnacionales y nacionales; el segundo, satanizar a través de los principales medios de comunicación la imagen larvaria de los gobiernos regionales y municipales, presentándolas como entes incapaces e ineficaces en la ejecución de grandes obras de desarrollo, con lo que se justificaba el manejo centralizado de la inversión pública, a través de la inversión privada. El tercer objetivo económico-financiero consistió en legalizar la libertad del Ministerio de Economía y Finanzas a: recortar metas, reducir presupuestos e imponer prioridades en la ejecución de proyectos nacionales y regionales. El cuarto, concentrar el manejo administrativo y financiero de la inversión pública en el Ministerio de Economía y Finanzas, como medio político del Presidente de la República, para neutralizar el liderazgo de sus eventuales contrincantes políticos y de los presidentes regionales. Así elevaría o mantendría su popularidad, anunciando la iniciación o conclusión de obras públicas, adquisición de bienes de capital de gran envergadura, todas, manejadas desde los Ministerios de Lima. Ello en su totalidad fue planeado y ejecutado por el Ministro Carranza.

Prácticamente, con el gobierno aprista lo poco que se había avanzado en materia de administración descentralizada de los gobiernos regionales, involucionaron. Optaron por aplicar métodos de aquiescencia de obras públicas, al estilo de lo que otrora fue el Ministerio de Fomento y Obras Públicas, desde donde se dirigía la cesión de los recursos nacionales a la inversión extranjera y se pagaban los favores políticos, concesionando la ejecución de obras, estudios y adquisiciones. Esta vez, para aparentar transparencia y legalidad en los procesos, cuando las ocasiones eran necesarias, optaron por manipular la ley de contrataciones y adquisiciones del Estado[24]; norma, que desde finales del siglo XX, se venía aplicando. Esta ley fue manipulada, para cumplir las exigencias protervas de quienes administraban el Estado, como propiedad privada[25]; unas veces se modificaron para exonerar licitaciones, adquisiciones o se declararon estados de emergencia, para adjudicar directamente a los allegados del gobierno de turno.

Fue así cómo, a través de los diferentes Ministerios, los anuncios presidenciales entraron a la fase de ejecución de grandes obras públicas. El Ministerio de Transportes y Comunicaciones procedió a preparar la entrega en concesión de los aeropuertos de: Talara, Tumbes, Chachapoyas, Iquitos, Tarapoto, Pucallpa, Trujillo, Anta-Huaraz, Cajamarca, Pisco, Chiclayo y Piura; y PROINVERSION[26]. También preparaba la concesión de otro grupo de Aeropuertos: Andahuaylas, Ayacucho, Arequipa, Tacna, Juliaca y Puerto Maldonado.

Lo propio hicieron con los puertos marítimos: concesión del Muelle Sur del Puerto del Callao, Terminal Portuario de Paita, los Terminales Portuarios General San Martín y Pucallpa, etc. En

---

[24]. Ley N° 26850, ó, Ley de Contrataciones y Adquisiciones del Estado, publicado el 21 junio 1997.

[25]. Ver, Normativa General sobre Contrataciones y Adquisiciones del Estado de CONSUCODE; allí, se hade constar, los motivos y veces por las que se modificaron la ley de contrataciones y adquisiciones.

[26]. El MTC-DGAC, participa revisando y aprobando los estudios de preinversión de las obras que se ejecutarán en el periodo inicial de la concesión, más no en estimar el monto de la concesión.

obras de vialidad figuraban: carreteras de carácter nacional, departamental y caminos vecinales, en las formas mañosas ya indicadas; fueron licitadas y entregadas a los contratistas. Igualmente, en ferrocarriles, convocaron a concursos para la concesión del Ferrocarril Huancayo – Huancavelica, se firmó el Contrato, para la ejecución de obras civiles y electromecánicas del Tren Eléctrico de Lima y Callao. El Ministerio de Vivienda, Construcción y Saneamiento no quedó atrás, implementó un agresivo y multimillonario programa de "Agua para todos", del que en apartado especial se hablará, lo que significaba realizar obras de abastecimiento de agua y saneamiento rural y, suministro de agua y saneamiento en pequeñas ciudades; de modo análogo, un programa de titulación de la propiedad (COFOPRI) y la construcción de viviendas.

El Ministerio de Salud hizo lo propio. A través de su Programa Multianual de inversión pública en el Sector Salud: 2008-2011 procedió entre otras, la construcción de hospitales y equipamiento de los mismos. En el subsector Energía, igualmente, se emprendió la Electrificación rural.

En fin, el gobierno de García Pérez mostró al país, en el papel y en los medios de comunicación, el despliegue de una inversión multimillonaria, como que si el Perú, viviera una bonanza absoluta.

5.5. Río revuelto, ganancia de pescadores.

Cuando aquello era así, en la región de Ica, el 15 de agosto de 2007, se produjo un sismo de 8 grados en la escala de Richter, con su epicentro en el mar, a 45 kilómetros de Chincha Alta. Este desastre dejó más de medio millar de muertos, unos 300 desparecidos y alrededor de 80.000 viviendas afectadas. La solidaridad internacional y nacional, jugaron un rol preponderante, tanto en la fase de emergencia, como en la reconstrucción. El presidente García Pérez salió al encuentro e informó al pueblo peruano, minimizando las consecuencias. La realidad, rápidamente, rebatió la displicencia presidencial, mostrando a la vista una cruda tragedia y el Presidente, tras el repudio del pueblo iqueño, rectificó su actitud y anunció un multimillonario plan de reconstrucción.

Después del anuncio y declaratoria de la zona de emergencia, la situación se tornó en un *río revuelto y ganancia de pescadores*. En lo de Ica, las instituciones del Estado, creadas para este fin, lejos de actuar coordinadamente con sus similares ya establecidas en la región, se entramparon en vanas disputas, con los gobiernos regionales y locales; entre tanto la corrupción institucionalizada aprovechaba de este río revuelto, sea en las obras de reconstrucción, en el reparto de la ayuda estatal o en la distribución de bonos de reconstrucción destinados a los damnificados. Como muestra, fueron evidentes los casos de fondos desviados a otros fines, contratistas que recibieron obras sin licitación, contratistas que recibieron adelantos y no ejecutaron obras, cheques de asistencia o auxilio giradas, ejecutadas pero nunca recibidas por los damnificados y, donaciones de ropa robadas y luego revendidas. Tampoco faltó el aprovechamiento de la oportunidad política que la tragedia, con sus muertos, desaparecidos y destrucciones, brindaba a quienes buscaban coyunturas como esta, para aparecer en la palestra política del país o la región.

Tan evidentes eran estos escándalos de corrupción, tanto en la zona de emergencia como en los otros sectores de la administración gubernamental, que el Presidente de la República anunció en octubre de 2007 la creación de una Oficina Nacional Anticorrupción[27] y nombró como Jefa de dicho organismo, a una bienintencionada y prestigiosa abogada, quien como es natural, con la férrea intención de castigar a los corruptos, tocó las puertas de las instancias, de donde a la distancia manaban hedores de corrupción; pero ninguna puerta se abrió, ni nadie le dio importancia.

En la práctica, la temible Oficina Nacional Anticorrupción (ONA), anunciada con bombos y platillos, no era más que una distinguida abogada, sin normas legales ni reglamentos que abalen sus actos, menos recursos para tan ardua tarea. Es más, cercenada de críticas por parte de celosos burócratas de alto vuelo como el Contralor de la República, la Fiscalía de la Nación, el Presidente del Poder Judicial, y cuándo no, "la sabia opinión de expertos y periodistas de vasto conocimiento y de poca profundidad", aduciendo "duplicidad de funciones" y dispendio de recursos del Estado. En tales condiciones, aquello era como mandar a una dócil *menina*, a cazar ratas viejas y astutas en la despensa.

---

[27] Con **Decreto Supremo N° 085-2007-PCM**, se crea la Oficina Nacional Anticorrupción, adscrita a la Presidencia del Consejo de Ministros, encargada de: prevenir, investigar, coordinar, vigilar y promover la ética pública y la lucha contra la corrupción a través de medidas preventivas, la investigación de oficio o a iniciativa de parte y la formulación, monitoreo y supervisión de políticas públicas sobre la materia.

En síntesis, esta Oficina Nacional Anticorrupción, tras su efímera existencia, quedó, no diremos en la nada, sino, como un anuncio de fulguración política, destinado a justificar, la intención "moralizadora" del presidente García Pérez y, demostrar sobre todo su incapacidad o falta de voluntad política para reformar un Estado, estructurado para el uso privado de quienes ostentan el poder, donde la frondosa legislación, la lentitud de los aparatos judiciales y técnico-administrativos, los cruzamientos funcionales y obstrucciones burocráticas son los medios institucionales que generan beneficios para la corrupción.

Las conclusiones que corresponden a este ítems, se abordarán en el Capítulo V, como huellas de gestión.

CAPÍTULO II
EL NEOLIBERALISMO Y LA ACUMULACIÓN POR DESPOJO EN ACCIÓN.

1. Se crean las condiciones para el gran "faenón".

El presidente Alan García Pérez, sin lugar a dudas, resultó siendo el exitoso operador del neoliberalismo en Latinoamérica. En arreglo con las transnacionales, sus adláteres nacionales y la custodia incondicional de una representación parlamentaria servil, legitimó el empoderamiento de la inversión transnacional en la economía peruana. Esta estrategia de desnacionalización no habría podido tener éxito, si no fuera consensuada con la prensa incondicional, la que se encargó en sedar las expectativas populares, difundiendo una parafernalia comunicativa engañosa, anunciando en superlativo, los "multimillonarios" proyectos de inversión pública, de los que más adelante se comentará y difundiendo la "inyección de miles de millones de dólares" de la inversión privada internacional en proyectos de carácter minero, gasífero, petrolífero, etc. Al extremo que en los medios de comunicación masiva, hicieron aparecer, falsos campesinos, comuneros, mineros, etc., ensalzando a las empresas transnacionales como benévolas y responsables, esto es, construyendo con sus propios recursos escuelas, carreteras, centros de salud; reduciendo la pobreza en áreas rurales y urbano-marginales, descontaminando el medio ambiente, apoyando a los agricultores y ganaderos. En fin, una verdadera feria del libre comercio, teniendo como martillero principal al propio Presidente de la República.

73

2. La población amazónica y su inserción al Estado peruano.

Hasta aquí se ha tratado de sintetizar de cómo se crearon las condiciones para el proceso de desnacionalización de la riqueza nacional. En adelante procuraré resumir como primer punto lo que ocurre con los hermanos habitantes indígenas de la amazonía peruana y de los ingentes recursos naturales que esta región alberga. Para empezar, debemos tener presente que el Estado peruano, supuestamente soberano, democrático hoy, pluricultural, multilingüe y multiétnico, desde su creación como tal, hasta el gobierno militar del General Juan Velasco Alvarado, a la población indígena amazónica la ha omitido. De esta secular indiferencia, unos afirman que es el resultado de una combinación de vergüenza con ignorancia y otros, como la derivación de la ignominiosa herencia social de España, el racismo. Recién el 24 de junio de 1974, a través del Decreto Ley de Comunidades Nativas y de Desarrollo Agrario de las Regiones de Selva y Ceja de Selva o DL Nº 20653, se incorpora legalmente a las poblaciones originarias, asentadas en la selva peruana, a la estructura del Estado peruano.

Hasta entonces fueron históricamente, marginados, sometidos, exterminados y esclavizados por buscadores del dorado, de la canela y la mirra; en suma, de los colonizadores: los reyes del caucho, de la castaña y de la madera, hasta que finalmente, llegaron los explotadores del oro, el petróleo y gas. Aun así, supervivían diseminados en la ignota maraña de la jungla, escapando de la "civilización" exterminadora, como *Ch'unchus* o salvajes, sin más amparo, que el consuelo cristiano de las ordenes misioneras católicas y evangélicas (Instituto lingüístico de verano ILV), únicas entidades que en su misión catequizadora abogaron por

74

ellos. En tales circunstancias, les llegó el Estado peruano, con su Decreto Ley N° 20653 e instituyó el reconocimiento de la existencia legal y capacidad jurídica de las poblaciones indígenas amazónicas, como Comunidades Nativas, equiparándolas al nivel de las Comunidades Campesinas, antes indígenas; dotándoles como a toda la colectividad peruana de las garantías de inalienabilidad, inembargabilidad e imprescriptibilidad de sus tierras comunales, el respeto a su carácter colectivo y a los usos tradicionales del bosque, no sólo para la determinación de los territorios, sino, para que hagan patria. Pero esto sólo duró, el tiempo que permaneció como Presidente de la República, el Gral. Juan Velasco Alvarado; su seguidor, otro General, Francisco Morales Bermúdez, genuino representante de la élite peruana (élite, que desde los primeros años de esta República, cuidaba la selva, como la reserva o despensa nacional, bajo el lema: *La selva peruana no vale por sus salvajes habitantes, sino, por la riqueza que en ella hay*), en 1978 promulgó el Decreto Ley N° 22175, denominada, Ley de Comunidades Nativas y de Desarrollo Agrario de la Selva y Ceja de Selva. Esta ley tuvo un solo objetivo: satisfacer los intereses de las madereras y las transnacionales que ya tenían identificadas grandes reservas forestales e hidrocarburos y esperaban explotar dichos recursos, exentos de conflictos con los indígenas y obligaron al gobierno de Morales Bermúdez a que con esta Ley disponga que las áreas del territorio selvático, cuya capacidad de uso mayor, fuera forestal o de protección, sólo sea concedida en uso y no en propiedad. Esta ley santificó el anhelo de las transnacionales y quebró la integridad territorial de las comunidades nativas. En otras palabras, la propiedad indígena era mutilada y pasaba nuevamente a manos del Estado, para que este conceda el uso y beneficio de las extensas tierras de la

Amazonía a los "inversionistas". Tras este quiebre, la Constitución Política de 1979 mantuvo aún las garantías de la territorialidad indígena: inalienabilidad, inembargabilidad e imprescriptibilidad[28].

3. El libre mercado de tierras en los Andes y en la Amazonía.

La Constitución de 1993 de Alberto Fujimori, previendo que el problema central para el acceso del libre mercado, era la propiedad de las tierras comunales, sean estas de indígenas, campesinos o nativos, situó arteramente a aquellas tierras, en la posición de una propiedad civil; es decir, como objetos de comercio, de crédito y garantías financieras. Concurrentemente, se introdujeron en la normativa nacional, artículos con conceptos destinados a precarizar la tenencia y propiedad de las tierras comunales amazónicas, andino-serranas y costeras, como tierras abandonadas, parcelables y enajenables. Es más, se inducía a la posibilidad de transformación de las comunidades indígenas en entidades empresariales. En suma, instituyó el libre mercado de tierras en las comunidades campesinas y nativas; pero este mercado, gracias a las recetas de una eminencia neoliberal, funcionaba sólo si contara con su respectivo título de propiedad inscrita en los Registros Públicos. Con este propósito, a fines de 1992, en el gobierno de Alberto Fujimori, se creó en el Ministerio de Agricultura, el Proyecto Especial de Titulación de Tierras y Catastro Rural (PETT). Desde

---

[28] Artículo 163° de la Constitución Política de 1979.- "Las tierras de las Comunidades Campesinas y Nativas son inembargables e imprescriptibles. También son inalienables, salvo ley fundada en el interés de la Comunidad y solicitada por una mayoría de los dos tercios de los miembros calificados de ésta, o en caso de expropiación por necesidad y utilidad públicas. En ambos casos con pago previo en dinero. Queda prohibido el acaparamiento de tierras dentro de la Comunidad"

aquel entonces, esta entidad, acudiendo a los más ruines métodos de convencimiento y coacción social, sobre la población comunera y no comunera, realizó un acelerado proceso de titulación rural en todo el territorio del Perú, desde luego, con mayor énfasis en las regiones donde las comunidades campesinas se asentaban sobre espacios mineros por excelencia y comunidades nativas con recursos gasíferos, madereros y petrolíferos.

4. La desnacionalización del Perú.

El proceso acelerado de otorgamiento de concesiones mineras en la sierra y costa, lotización petrolera de la Amazonía y la creciente ocupación de extensos bosques para usos foresto-industriales, sobre territorios o propiedades indígenas, campesinas y nativas, se arrastró vertiginosamente desde la vigencia de la Constitución Política de 1993. Fue en el gobierno de Fujimori que se crearon las condiciones legales para el advenimiento de las inversiones transnacionales. En los del presidente Valentín Paniagua y Alejandro Toledo, so pretexto de garantizar la estabilidad jurídica para las inversiones extranjeras, se legitimó el proceso de desnacionalización de la riqueza peruana (Antaminas, Yanaccoha, Camisea, Las Bambas, entre muchísimos proyectos). Es más, fue el Dr. Alejandro Toledo quien asumió, la más vergonzosa, desigual y entreguista actitud de engrilletar al pueblo peruano a la férula del imperialismo, al preparar los términos de los Tratados de Libre Comercio (TLC) y, finalmente, Alan García Pérez, nuevo Presidente de la República, ávido de poder, manipuló el Congreso nacional, hizo aprobar, oleó y sacramentó, aquellos lesivos y repudiados tratados. Tras esta aprobación, García Pérez, conforme habíase comprometido en su periplo a los Estados Unidos de Norteamérica, administró a su modo, la adaptación de la legislación peruana, a las exigencias del TLC. Y esa administración, en las condiciones así creadas, le avizoraba un Perú: "paraíso neoliberal", con inversionistas transnacionales y nacionales, usufructuando de sus pingües colocaciones-capitales: extrayendo y exportando, libres de tropiezos gubernamentales y sociales: minerales, petróleo, gas, madera, etc. y, sobre todo, según García Pérez, dando ocupación a los indios, reduciendo la pobreza y con las regalías y canon, construyendo carreteras, escuelas y hospitales. En fin, era la visión personal que tenía del Perú.

En tales condiciones el referido político procedió a aprovechar las bondades de las negociaciones en marcha y acomodó a sus intereses, aquello que faltaba por hacer. Lo que faltaba era instituir abiertamente una política de Estado neoliberal, con seña y marca propia de Alan García Pérez y para justificar esgrimía como razones poderosas: implementar el Tratado de Libre Comercio antes citado y, respaldar a los inversionistas transnacionales y nacionales. Es más, la coyuntura era oportuna, pues las condiciones eran estas: 1) los medios de comunicación estaban manejadas por el gobierno y sus aliados, que en sus emisiones sedaban al pueblo con informaciones macroeconómicas e indicadores socioeconómicos y políticos, manejadas con mañosas encuestas que mostraban al pueblo una sensación de bonanza; 2) el legislativo, prácticamente, era una bancada suya, manejada desde el Palacio de gobierno, con artilugios de política tradicional conforme a su interés. En suma, era la oportunidad para legitimar sus controvertidos pensamientos de política económica.

CAPÍTULO III
"PERRO DEL HORTELANO"

1. *"El síndrome del perro del hortelano"*: **Anuncio de una subasta**

El 28 de octubre del 2007, en el diario El Comercio de Lima apareció un artículo titulado, *"El síndrome del perro del hortelano"*, escrito por Alan García Pérez a la sazón Presidente de la República del Perú. En este artículo, exponía su percepción acerca del Perú de ese entonces bajo su perspectiva; y, mostrando a la vista la existencia de ingentes recursos naturales disponibles en el Perú, prácticamente, ofrecía en venta a sus postores, para que con unos cuantos dólares, se las llevasen. Textualmente el artículo de marras empieza así: *"El reclamo por la titulación de la vivienda es muy grande. Cada peruano sabe que con una propiedad legalizada, vendible, hipotecable o transmisible por herencia puede mejorar su situación. Pero el Perú como conjunto tiene el mismo problema y no lo sabe. Muchos de sus bienes no se pueden poner en valor, ni vender, ni se puede invertir en ellos, ni generar empleos con ellos. Hay millones de hectáreas para madera que están ociosas, otros millones de hectáreas que las comunidades y asociaciones no han cultivado ni cultivarán, además cientos de depósitos minerales que no se pueden trabajar y millones de hectáreas de mar a los que no entran jamás la maricultura ni la producción. Los ríos que bajan a uno y otro lado de la cordillera son una fortuna que se va al mar sin producir energía eléctrica. Hay, además, millones de trabajadores que no existen, aunque hagan labores, pues su trabajo no les sirve para tener seguro social o*

79

una pensión más adelante, porque no aportan lo que
podrían aportar multiplicando el ahorro nacional" [29]

Para entender los propósitos del Presidente de La
República de ese entonces, más elocuente que esta
glosa, no puede haber; sin embargo, vienen al caso
algunas precisiones necesarias sobre los conceptos
vertidos en este artículo por él. Así, el primer párrafo
del aludido artículo, reconoce implícitamente que en el
Perú existen dos clases sociales: peruanos que poseen
bienes con títulos de propiedad legalizados y peruanos
que no los tienen.

Ahora bien, sin tocar el contexto jurídico de la
propiedad actual, que es una legitimación de una
usurpación, el problema está en resolver qué sector de
peruanos tiene títulos de propiedad y quiénes no los
tienen y porqué. Para resolver este asunto, siempre que
se tenga interés en identificar la raíz del problema, se
tiene que acudir a la razón histórica. Como esto es así,
en el Perú el concepto de propiedad mercantil de los
bienes raíces empieza, más o menos, 500 años atrás,
cuando un grupo de forajidos, comandados por
Francisco Pizarro Gonzales, tras un acto genocida,
despojan inicuamente al Estado Inka el dominio
absoluto de su milenaria propiedad y se lo endilgan al
rey de España, como botín de latrocinio, para que éste
vendiera o regalara bajo título de propiedad, entre sus
vasallos. De modo que en el Perú, la propiedad
mercantil, vendible, hipotecable o transmisible por
herencia, o como quiera llamársele, tiene su Partida de
nacimiento en Francisco Pizarro, Vicente Valverde, sus
secuaces y la zahorra de invasores hispanos que después
fluyeron. Ellos bajo la marca del reino de Castilla,

---

[29] El síndrome del perro del hortelano: Por Alan García Pérez. Presidente de
la República, domingo, 28 de octubre de 2007, El Comercio de Lima.

hicieron suyos las tierras y bienes del imperio Inka y, en contrapartida, los verdaderos dueños, despojados de sus tierras y bienes, supervivieron, como parias en su propia patria, reducidos en espacios marginales (reducciones, *llaqtas*, comunidades), donde los invasores, bajo sus propios patrones de vida, no podían subsistir. Si se quiere constatar lo dicho aquí, los cerca de 500 años de asentamiento hispano en el Perú, para la historia, es corta; se hace imperativo entonces averiguar el proceso de trasmisión de la propiedad urbana y rural, en cada una de las regiones del Perú[30]. Al respecto, la nota de pie de página, aclara este asunto.

Sobre el mismo tema, más adelante, Alan García Pérez irónicamente afirmó esto: *"Un segundo tema demuestra lo mismo, es la tierra. Para que haya inversión se necesita propiedad segura, pero hemos*

---

[30] Nota: José du Puit; *Corrupción en el Perú*: ... El Estado colonial era un Estado corporativo. Su organización política estaba sustentada en el principio que el Rey otorgaba a sus vasallos españoles el poder de administrar el patrimonio conquistado. La conquista de tierras era ratificada por la conclusión de una "capitulación". Por este acto formal, el Rey otorgaba a los conquistadores el poder de tomar posesión, en nombre de la Corona, de las nuevas tierras y de las personas que las habitaban, de incorporarlas a los dominios del Rey a cambio del privilegio de explotarlas. Estas ventajas eran concedidas por el Rey en contrapartida a los servicios que el beneficiario le había rendido o había prometido rendirle en el futuro. Este debía entregarle al Rey los tributos y ser leal a la Corona. Así, una relación de tipo señor-vasallo se constituyó entre el Rey y los vasallos, la misma que se reproducía en todos los niveles de la jerarquía social. (...), en el marco de esta relación de orden patrimonial, el acceso a todo recurso económico debía ser objeto de un pedido ante una autoridad que tenía el poder de concederlo. Esta concesión era considerada como un favor que debía ser compensado por un servicio de orden personal. Los funcionarios reales eran convertidos en cuasi propietarios de los bienes que administraban en favor del Rey. El Clero, los miembros de la Inquisición y del Tribunal de comercio colonial, los poseedores de minas, los propietarios de inmuebles, los corregidores, consideraban que sus obligaciones públicas eran en realidad derechos privados. (p. 106).

caído en el engaño de entregar pequeños lotes de terreno a familias pobres que no tienen un centavo para invertir, entonces aparte de la tierra, deberán pedirle al Estado para fertilizantes, semillas, tecnología de riego y además precios protegidos. Este modelo minifundista y sin tecnología es un círculo vicioso de miseria, debemos impulsar la mediana propiedad, la clase media de la agricultura que sabe conseguir recursos, buscar mercados y puede crear trabajo formal (...).Este es un caso que se encuentra en todo el Perú, tierras ociosas porque el dueño no tiene formación ni recursos económicos, por tanto su propiedad es aparente. Esa misma tierra vendida en grandes lotes traería tecnología de la que se beneficiaría también el comunero, pero la telaraña ideológica del siglo XIX subsiste como un impedimento. El perro del hortelano". Al respecto, García Pérez, por nociones elementales de Historia del Perú, sabe que las mejores propiedades fueron compulsivamente cedidas a los españoles de España y españoles del Perú, y lo marginal para los indígenas sin títulos o, con títulos espurios para los indios, extendidos por el rey de España. Tamaña ironía verdad, un rey, tras despojar sus tierras al propietario universal le vuelve a vender al despojado y le extiende un título de propiedad. Eso es lo que hizo España con el Perú; pero este proceso, que así empezó con la invasión española, se mantuvo indemne hasta la actual República. Aclarando que sólo la propiedad rural desde 1969, con la dación de la Ley de Reforma Agraria por el gobierno militar del General Juan Velasco Alvarado cambió, pero este cambio apenas duró hasta el segundo gobierno del Arq. Fernando Belaúnde Terry, donde por asfixia de la política económica de entonces, las empresas asociativas agrarias se desintegraron y fue, precisamente Alan García Pérez, en su primer período gubernativo, no pensando en reivindicar al campesino con un título de propiedad, sino, con la clara intención de crear un mercado de tierras para el retorno del monopolio de la posesión agraria con fines mineros, quien liquidó la propiedad asociativa, entregando a diestra y siniestra, títulos de propiedad individual a los campesinos asociados. Siendo esto así, el diagnóstico de García Pérez no es exacto. Es más, según García Pérez, devolver las tierras agrícolas a las familias pobres, fue un engaño.

Aun reconociendo que el 70% de la población rural o indígena no contara con título de propiedad de sus tierras marginales y están sumidos en el minifundio; ello no es culpa suya, sino del Estado peruano. Este siguiendo la impronta racista del modelo colonial, sin importarle la existencia de las poblaciones indígenas u originarias, los mantuvo en una secular marginalidad social, económica y política; y en su segundo periodo Alan García Pérez pretendió despojarlos para entregárselos a las transnacionales mineras como latifundios.

De otro lado, la dinámica urbana en las principales ciudades del Perú, en cuanto a la propiedad de inmuebles se refiere, ha tenido parecida racionalidad a la del ámbito rural; los peruanos indígenas, mestizos y criollos empobrecidos, a mediados del siglo XX, al migrar de sus paupérrimas tierras hacia las ciudades en busca de mejor vida no se han posesionado en zonas céntricas, donde habitaban los señores de la ciudad, sino que tomaron como suyas tierras marginales y estériles, allá donde aquellos señores de la ciudad, ni las autoridades del Estado imaginaban que seres humanos, habitarían esos desiertos y es allí, donde con su incansable trabajo, hoy forjan y seguirán forjando patria.

Al respecto, el economista Hernando de Soto, principal asesor de Alan García Pérez[31] en esta aventura neoliberal, en su libro "El misterio del capital" hace notar que en el Perú, por cada 100 viviendas construidas, sólo 30 tenían títulos de propiedad y, el valor de las propiedades inmuebles rurales y urbanas, extralegalmente poseídas en el país por indígenas, mestizos y criollos empobrecidos, vale decir, sin títulos de propiedad, equivalían a la suma de US$ 74,000 millones de dólares; monto que significaba cinco veces la valorización total de la Bolsa de Valores de Lima antes de su depresión de 1998, ocho veces el total de ahorros y depósitos a plazos en la banca comercial del Perú, en 1995; dos veces el total de activos de las 1,000 empresas formales más grandes del Perú y catorce veces, el valor de la inversión extranjera directa en el Perú, hasta 1995[32]. Estos misterios del capital analizados escrupulosamente por Hernando de Soto, demuestran que el Perú oficial o formal, que cuenta con cerca de doscientos años de existencia, como nación – Estado, no ha hecho sino sostener la prosperidad y bienestar de un mínimo sector social holgazán que del Perú hicieron una hacienda de manejo privado. En términos de costo-beneficio, un Estado incapaz e inepto que en tan largo tiempo no pudo, lograr el anhelo de la colectividad peruana que generación tras generación esperó y esperó aún mejores niveles y calidad de vida. Sin embargo, dentro de esa espeluznante apariencia,

---

[31] El Dr. Alan García Pérez, el 17/08/2006, nombró al Dr. Hernando de Soto, como su representante personal ante el gobierno de los Estados Unidos de Norteamérica.

[32] Hernando de Soto; El misterio del capital, Editora El Comercio S.A, Lima, 2000, pp.54, 64 y 114.

atenazado por las formalidades, trabas y el desprecio racista de aquel Estado inepto, coexiste y vive, esa fuerza social, económica y política, vigorosa y trabajadora, la de los indígenas, mestizos y criollos empobrecidos, quienes, luchando heroicamente en tales condiciones, hacen patria a su modo y a quienes también, Alan García Pérez, vaya usted a saber por qué razón, con un desprecio patológico los llama *Perros del hortelano.*

Ahora bien, retomando las cifras expuestas por Hernando de Soto, los excluidos del Perú, para contar con aquel capital, que a 1995 era catorce veces más que la inversión extranjera, jamás tuvieron un Estado que los aleccionara sus esfuerzos o abogara por ellos; ni nunca han tenido que subastar caro o barato, las riquezas de la nación, como sí lo hicieron los dueños de este Perú formal, incluyendo al presidente García Pérez quien, sumido en su opulencia, se ha propuesto subastarlas de una vez por todas.

En otro pasaje de su artículo, García Pérez afirma que: *"El primer recurso es la Amazonía. Tiene 63 millones de hectáreas y lluvia abundante. En ella, se puede hacer forestación maderera especialmente en las 8 millones de hectáreas destruidas, pero para eso se necesita propiedad, es decir un terreno seguro sobre 5.000, 10.000 o 20.000 hectáreas, pues en menos terreno no hay inversión formal de largo plazo y de alta tecnología"*[33]. Esta afirmación, cargada de optimismo y apremio, por titular y enajenar la propiedad en la Amazonía peruana, prácticamente el objetivo central encubierto de su intención, le induce a evocar cifras dudosas; cifras que el Informe en Minoría

---

[33] El síndrome del perro del hortelano: Por Alan García Pérez. Presidente de la República, Domingo, 28 de octubre de 2007, El Comercio de Lima.

de la Comisión Especial para investigar y analizar los sucesos de Bagual (2009), demostró que en los últimos quince años, el ritmo de otorgamiento de concesiones petroleras y gasíferas en todo el territorio amazónico, indicaban que el 75% de la Amazonía peruana ya se habían lotizado y concedido lotes petroleros por 56 millones de hectáreas; de modo que de las 63 millones de hectáreas ofrecidas por el presidente Alan García Pérez sólo quedaría por lotizar y subastar 7 millones de hectáreas. Es más, a estas alturas del tiempo, según la misma fuente, la mayoría de los territorios indígenas y comunidades nativas, tienen lotes superpuestos, sin que en el proceso de lotización haya mediado un procedimiento de consulta ni nada que se le parezca[34]. Todo esto sugiere que *El Síndrome del Perro del hortelano*, entre otros objetivos, está dirigido también a justificar políticamente actos jurídicos pasados y afianzar a los que más adelante se vendrían.

Otro asunto que García Pérez escribe y defiende con vehemencia es la necesidad de dar rienda suelta a la angurria de la minería moderna. Textualmente dice así: *"El tercer tema es el de los recursos mineros en los que el Perú tiene la riqueza más grande del mundo, no solo por la cantidad sino también por la variedad de recursos mineros, o que permite que si un producto baja de precio, se compense con otros productos. Sin embargo, apenas la décima parte de esos recursos está en proceso de explotación, porque aquí todavía discutimos si la técnica minera destruye el medio ambiente, lo que es un tema del siglo pasado, claro que antes lo destruía y los problemas ambientales de hoy son básicamente por las minas de ayer, pero en la*

---

34 Informe en Minoría de la Comisión Especial para investigar y analizar los sucesos de Bagua: ítems: 3. LAS CAUSAS DEL CONFLICTO y sub ítems: 3.1 El origen del malestar y la protesta indígena.

actualidad las minas conviven con las ciudades sin que existan problemas y en todo caso eso depende de lo estricto que sea el Estado en la exigencia tecnológica a las empresas mineras y en negociar mayor participación económica y laboral para los departamentos donde estén las minas".

Al respecto, he de explicar que el trasfondo de este artículo, *El Síndrome del Perro del hortelano*, es una huera justificación de la próxima subasta del país, en los siguientes términos. Cuando Alan García Pérez accede al poder por segunda vez, la minería, gracias al incremento de precios de los metales en los mercados internacionales, se encontraba en su ciclo expansivo (años: 2002 y 2008). Conscientes de esta coyuntura sostenida, las empresas mineras aumentaron sus gastos de exploración, de 2 mil millones de dólares en el año 2002, a 7.5 mil millones de dólares en el año 2007. Esta situación, sin duda, avizoraba circunstancias preocupantes e inexorables para el Perú, como Nación-Estado: Primero, las transnacionales, prestos a aprovechar los máximos beneficios de la minería peruana, optaron por encandilar al gobierno entreguista, colocando mínimas inversiones privadas en el sector; y el gobierno, abdicando sus funciones básicas de Estado, cumplió el pacto de la alianza con las transnacionales, para que estos administrasen sus inversiones sin riesgo alguno; y segundo, una población rural-andina, estaba próxima a ser despojada de sus propiedades territoriales, ya que por desgracia, en el subsuelo de la misma, yacían oro, plata, cobre, etc. Y esto tuvo que ser así, pues las "exploraciones mineras" en territorios rural-andinos de todo el Perú se resumían en millares de denuncios mineros, los que desde ya, eran propiedad de las transnacionales.

Aquí viene al caso aclarar que, a diferencia de las exploraciones petrolíferas y gasíferas, en las que el inversionista para percatarse con precisión de la existencia de los recursos a explotar en el lugar o lugares identificados, requiere estudios sofisticados de alto costo y los asumen con la suya, como una pre-inversión; pero si los resultados, dieren signos evidentes de rentabilidad, como casi siempre suele suceder, en la suscripción del contrato de explotación, los cobrará al Estado, dólar sobre dólar. En la minería, esto no siempre se estila así; apenas son procedimientos de identificación cartográfica del lugar o lugares del vasto territorio peruano, donde el interesado presume o está seguro de la existencia de yacimientos mineros, metálicos o no metálicos y, previo pago de los aranceles mineros, que oscilan más o menos entre medio dólar a cinco dólares por hectárea o fracción, los denuncia ante el Ministerio de Energía y Minas. Esta entidad otorga extensos latifundios en propiedad al denunciante, por tiempo definido y renovable, hasta que en su oportunidad sean caducas, negociadas o explotadas. A esta transacción se denomina "concesiones mineras" y es el Instituto Geológico Minero y Metalúrgico (INGEMMET) el encargado de mantener el territorio peruano, diligentemente sistematizado y cuadriculado en un registro cartográfico, para venderlo o concesionarlo. Allí, ciudades, centros poblados, comunidades campesinas, indígenas, nativas u otras aglomeraciones humanas, son simples cuadrículas con un precio y a la espera de su propietario. Desde luego, los propietarios de tales concesiones mineras son una inmensa mafia de acaparadores y testaferros de denuncios, que se sostienen bajo la sujeción de transnacionales mineras, compañías mineras nacionales y pequeños mineros.

Con esta breve explicación, sin mucho esfuerzo podemos inferir que en la minería peruana se llama inversiones en exploración minera, al acaparamiento de aquellos denuncios o lotes, que el Estado legitima como derechos mineros.

Lo monstruoso de este acto es que el Estado peruano despoja y enajena de sus tierras a humildes peruanos de carne y hueso, dueños del suelo y el subsuelo de este país llamado Perú. Poblaciones secularmente pobres: criollos empobrecidos y mestizos, comunidades campesinas y nativas, serán desplazados por la minería y se tornarán en parias, buscando o invadiendo retazos de tierra en los arenales y basurales. Esta realidad es una constante histórica en el Perú, que no requiere mucha discusión.

Al respecto, un estudio realizado por la Confederación Nacional de Comunidades del Perú Afectadas por la Minería (CONACAMI), estimó que, a marzo del año 2009, la extensión total de concesiones mineras en el Perú eran casi 18 millones de hectáreas, representando el 14% del territorio nacional. La mayor parte de estas concesiones se encuentra en territorios que tradicionalmente ocupan las comunidades indígenas o campesinas, a quienes para el otorgamiento de estas concesiones jamás los consultaron, lo que significa que el Estado peruano, al despojar de sus predios, viola los tratados internacionales suscritos por él, en materia de los derechos de los pueblos indígenas, como es el caso del Convenio 169 de la Organización Internacional de Trabajo (OIT) y la Declaración de las Naciones Unidas sobre los Derechos de los Pueblos Indígenas[35].

---

[35] CONACAMI-Perú ; *Expansión de las Concesiones mineras en el sur del Perú*

El estudio antes indicado muestra entre otros puntos álgidos, el posicionamiento espacial, impacto social y ambiental de la minería sobre las poblaciones rurales campesinas o indígenas por cada región. Así, se constató que en la región de Apurímac, en el año 2002, las concesiones mineras constituían el 19% del territorio regional; en el año 2009, más del 50% de aquel territorio estaba concesionado a las mineras. Las compañías más importantes que poseían aquellos derechos mineros en Apurímac son las transnacionales: *Xstrata,* últimamente vendida por esta aun consorcio minero chino, *Southern Copper Corporation*, *Anglo American y Buenaventura* y los proyectos en estudio definitivo eran: Las Bambas de Xstrata, en las provincias de Cotabambas y Grau (El gobierno, concedió el derecho de propiedad mediante contrato, en setiembre del 2010, cuya fase de explotación empieza en año 2015); Los Chancas de la Southern Copper Corporation, en la provincia de Aymaraes. Ambos, planean comenzar con la producción de cobre, en el año 2014. Si este cronograma se cumple, es inexorable que el año 2015 empezará también la *vía crucis* social y ambiental de los pobladores en la región Apurímac, conforme se están dando en: Piura (Majáz), Ancash, Cajamarca o Arequipa, con la mina Cerro Verde y otros que más adelante serán vistos con más detalle.

Dicho esto, volvamos a las concesiones, esta vez, en la región de Arequipa. Aquí, a marzo del 2009, significaban el 30% de su territorio y están concentradas en las provincias de Arequipa, Islay y Castilla. Aquí hay que destacar el caso de flagrante atropello a la soberanía y pervivencia de un pueblo, en el distrito de Cocachacra, provincia de Islay, donde la Southern Copper Corporation, en alianza con el Estado peruano, se obstina en explotar a cualquier costo, el yacimiento cuprífero de *Tía María*, sabiendo que la puesta en marcha de este proyecto, afectará ostensiblemente la escasa disponibilidad del recurso hídrico, que mantiene el desarrollo de la agricultura, principal fuente de ingresos de los pobladores de aquella zona. Al respecto, la población de Cocachacra optó por organizarse en un Frente de Defensa y convocar a una consulta popular para decidir democráticamente si se aceptaba o no, la explotación de aquel yacimiento. Como que era de prever, la población en tal escenario rechazó libre y unánimemente, la explotación de tal yacimiento[36]. Aun así, la Southern y el gobierno no cesaron en sus intenciones de dividir la unidad del pueblo, acudiendo a vedadas prácticas intimidatorias y persecutorias, formales y subliminales (medios de comunicación nacionales y regionales) para adecuar las conciencias de autoridades y dirigentes comuneros al interés de la empresa minera. Dado que el gobierno, cuidando los intereses de la Southern, se hizo de oídos sordos, la población, para llamar la atención y hacer escuchar su clamor, tomó la carretera de la Panamericana sur, en el tramo Islay por cinco días, desde luego, asumiendo los costos de la represión policial y las derivaciones judiciales[37].

En la región de Tacna es donde descarnadamente se evidencia el impacto nocivo de la minería sobre las zonas de vida, y esto se da así: La empresa Southern Copper Corparation, desde mucho tiempo atrás explota las minas de *Toquepala* y *Cuajone*. En las operaciones mineras utiliza las aguas subterráneas y superficiales

---

[36] Más de 12,000 ciudadanos de la provincia de Islay, en septiembre de 2009 se volcaron a las urnas para pronunciarse voluntaria, democrática y pacíficamente sobre este proyecto minero, lo rechazaron en más del 90%.
[37] Paro y movilización del 14 de abril del 2010.

que fluyen de las partes altas de la jurisdicción de Candarave y ésta es una de las cuatro provincias de Tacna, ubicada en la sierra cordillerana, donde viven alrededor de 8 mil 500 habitantes. Según el Censo Nacional de 2007, el 62% de la población económicamente activa se dedica a la agricultura y ganadería; pero resulta que la Southern, para sus operaciones minero-metalúrgicos, utiliza las aguas superficiales y subterráneas de Candarave, en un total de 1,950 lt/seg; caudal que por los requerimientos de la mina deprimió los acuíferos y determinó la desaparición de 69 fuentes de agua, que vertían a los ríos Callazas, Salado y Tacalaya, únicos proveedores del líquido elemento para la actividad agropecuaria. Es más, esta sobreexplotación significó la desertificación de 27,500 has de humedales, utilizados por la comunidad campesina de Huaytiri, como pastizal para sus ganados. Ignorando aquellos impactos negativos que ocasiona la sobreexplotación del recurso hídrico para la población de Candarave, el gobierno sigue otorgando nuevos derechos mineros en dicha provincia a otras empresas, como: BHP Billiton, Newmont Perú y Río Tinto Mining[38].

En la región Cusco, las concesiones mineras abarcan ciudades, centros poblados y, comunidades campesinas íntegras. Por ejemplo, en la provincia de Chumbivilcas, las concesiones mineras al año 2008 ocupaban el 88.9% de su territorio provincial; las propietarias de estas enormes concesiones, entre otras son: la empresa norteamericana Newmont y la canadiense Southwestern Resources Group. Figúrese amable lector, que la ciudad de Santo Tomás, capital de la provincia de Chumbivilcas y Yanaoca, capital de la provincia de

---

[38] CONACAMI-Perú; *La invasión de nuestros territorios: Expansión de las Concesiones mineras en el sur del Perú*. Lima, 2009.

Canas de la región Cusco, cada una con sus distritos y comunidades, están concesionadas y con derechos mineros vigentes[39].

Del mismo modo, en la región de Moquegua, según los datos del INGEMMET (2009), el 42% del territorio regional está concesionado. En Puno, las concesiones mineras, del 6% en el 2002, a finales de 2008 han incrementado casi al 20% del territorio regional[40].

Ahora veamos el desarrollo de la minería en el norte peruano que, desde ya, salvando sus particularidades, no es diferente a lo que sucede en el sur u oriente peruano. En el ámbito de tres distritos de la sierra piurana, Ayabaca, Carmen de la Frontera y Pacaipampa, se encuentra la más grande reserva minera de cobre y molibdeno del norte, donde se prevé, se invertirán mil millones de dólares, en 20 años, se llama, Majaz. Sus pobladores, amparados en la Ley 26505, demostraron que en caso de explotarla, el impacto de la contaminación sería más dañino que los eventuales beneficios que la mina traería para la sociedad. Con tal sustento, el 16 de septiembre del 2007, en una consulta vecinal y por unanimidad, se negaron a dar permiso el uso de sus tierras para la explotación de tal mina a la empresa Minera Majaz S.A o, Minera Río Blanco Copper S.A., cuyo accionista mayoritario es el consorcio chino Zijin. Esta decisión popular puso al descubierto la férrea alianza que existe entre el gobierno de Alan García Pérez y las mineras en cuestión. Las reacciones del Presidente de la República y su primer Ministro de aquel entonces, Jorge del Castillo, frente a los resultados de la consulta, fueron furibundas e

---

[39] II Congreso Provincial de Minería y Medio Ambiente Chumbivilcas , 2009; Santo Tomás,16 de diciembre de 2009-Cusco.

[40] Ibíd.

invocando "al Estado de derecho" e imperio de la ley, ordenaron tomar las acciones necesarias para revertir la decisión de los pobladores. El primer ente estatal que tomó la palabra fue el Jurado Nacional de Elecciones, quien sentenció que la consulta vecinal era ilegal y nula. Igualmente, el Ministerio de Energía y Minas salió indicando que las autoridades locales no se pueden pronunciar sobre un asunto nacional. Sin embargo, la Defensoría del Pueblo manifestó que la decisión tomada, respondía a las competencias que las autoridades locales poseen, en salvaguarda de los intereses del pueblo. Pero como las opiniones de la Defensoría del Pueblo, en este como en otros casos, usualmente no son tomadas en cuenta por el gobierno, el Ministerio de Interior, emprendió una cruenta persecución contra las autoridades, dirigentes comunales y líderes de la zona, que impulsaron la consulta vecinal. Cerca de 300 personas fueron denunciadas, investigadas y procesadas en la 5ta Fiscalía Penal Provincial de Piura. Pese a ello, para romper la unidad de la población, la empresa minera acudió a siniestras actividades que lindan con el delito, ofreciendo sobornos a las comunidades campesinas, para cambiar sus decisiones o financiar las gestiones para convertir a Huancabamba y Ayabaca en distritos mineros.

El entreguismo del Gobierno a la minería transnacional no sólo ocurre con Majaz, Piura. En Yanacocha, cuando se descubrió y confirmó la existencia de una nueva reserva minera en el cerro Quillish, ocurrió lo propio; pero aquí, ante la férrea organización y decisión de la población, la misma empresa minera decidió no insistir en la explotación. En Tambogrande, por problemas similares, la Minera Manhattan se retiró. En La Oroya, la compañía Doe Run Perú, desde tiempos atrás, explotaba aún una minería, sucia y contaminante para la salud pública, incluso con la complicidad del gobierno. Un significativo porcentaje de la población infantil es portador de plomo en la sangre; Doe Run se vino zurrando en el pueblo y en los trabajadores minero-metalúrgicos, no sólo contaminando, sino paralizando sus procesos productivos e incumpliendo con las obligaciones laborales y ambientales establecidos en el Programa de Adecuación Ambiental (PAMA).

El empoderamiento de la minería en los territorios rural- andinos del Perú va siempre acompañado por secuelas de conflictos socio-ambientales entre las mineras, asociadas a las fuerzas del orden, contra los pobladores, propietarios de sus tierras. En respuesta al despojo arbitrario, los campesinos o indígenas tratan de defender sus propiedades y al defender son perseguidos, abaleadas y denunciados como terroristas por la Policía Nacional. Alan García Pérez abdicando, de su condición de Presidente de todos los peruanos y, consecuente con la inversión transnacional, legitimó aquellas tropelías y enjuició la actitud de sus víctimas, como una protesta descontrolada o politizada de comuneros. Al respecto, la *Defensoría del Pueblo*, sólo en el mes de junio del año 2009, concluyó que de los 227 conflictos sociales registrados en el país, el 50% correspondió a conflictos socio-ambientales, ocasionados por las empresas mineras. Es más, cerca del 100% de aquellos conflictos estaba relacionado con la usurpación de tierras comunales por empresas mineras, la sobreexplotación de recursos hídricos y la contaminación de ríos por los efluvios mineros[41].

---

[41] Informe de la Defensoría del Pueblo, Junio del 2009.

Finalmente, como corolario sobre: "El tercer tema de los recursos mineros", de *El Síndrome del perro del hortelano*, hay que recordarle a su autor que la extracción metalífera en el Perú siempre fue y será una actividad exterminadora de su potencial humano y depredadora de los recursos mineros. Desde luego, benefició y beneficia en magnitudes superlativas a quienes secularmente depredaron, desde la Corona Española hasta las actuales transnacionales y sus adláteres. Dicho en otras palabras, en la colonia se caracterizó por la exterminación física de la población indígena a cuenta del enriquecimiento ilícito de una potencia foránea. En la actual República, la dinámica depredadora siempre es algo similar, sólo cambiaron los operadores: las transnacionales mineras, en connivencia con los gobiernos de turno, saquean la riqueza nacional, despojan las tierras de sus dueños, les privan del uso del agua, sea secando las fuentes o contaminándolos. Todo esto, a cuenta de una jugosa breva al cómplice y míseras migajas, conocidas como canon y regalías al pueblo. El resultado final de esta ignominiosa forma de explotación minera es y será el éxodo masivo de familias rural-andinas o indígenas, mestizas y criollas empobrecidas a las grandes y medianas urbes, en busca de trabajo y patria. Como bien concluye Stéfano Varese: Las víctimas de este antiguo y renovado sistema de rapiña no son solamente los pueblos indígenas, los ribereños y los colonos pobres, sino toda la densa red de relaciones biótico-sociales que permiten la renovación de los recursos y enriquecen el paisaje en su diversidad productiva y su capacidad regenerativa del medio ambiente. Al final de este modo criminal de extracción y acumulación sólo quedan desiertos, sabanas improductivas, pueblos enteros desaparecidos o demasiado debilitados para reconstituirse como agentes de su propia historia[42] ¿Es esto lo que busca el ex -presidente del Perú Alan García Pérez, con su *Síndrome del Perro del Hortelano*? ¿Olvida acaso, o no conoce los deletéreos impactos sociales, económicos y ambientales que la explotación minera ocasionó en el desarrollo humano de las poblaciones indígenas, mestizos y criollos empobrecidos del Perú? ¿En un Estado, cuyos conductores no representan la voluntad, ni preservan los intereses de una población mayoritaria, secularmente marginada, y actúan como aliados de agentes económicos foráneos para despojar sus recursos que aún les queda, las venideras generaciones podrían esperar un futuro promisorio? Interrogantes que todo peruano, cada uno a su modo, debiera abordar.

2. *"Receta para acabar con el perro del Hortelano"*: Una obsesión neoliberal.

En el análisis del artículo *"El Síndrome del Perro del Hortelano"* no hago otra cosa que desvirtuar las "marketeras" conclusiones de Alan García Pérez, en su afán de convertir al Perú en un vistoso escaparate del libre mercado en América del sur. Y la conclusión es clara. Esta *sui generis* y liviana sustentación neoliberal de Alan García Pérez, no fue un artículo más que el Presidente de la República del Perú, derrochando su fascinación por el libre mercado, lanzaba al ruedo político, para su discusión. No; se trató más bien de poner en acción una sórdida política económica, que dejando atrás la promesa electoral y obviando

---

[42] Stéfano Varese; Los pueblos Indígenas de la Amazonía confrontan con el neoliberalismo: Antropólogo, catedrático en el Departamento de Estudios Indígenas (Native American Studies) en la Universidad de California, Davis. Fuente: http://www.servindi.org/actualidad/25040

PEDRO HERNÁN PORTILLA SALAS

congresos partidarios, discusión de la sociedad civil y representaciones del pueblo, emergió como contrabando utilitario de las entrañas mentales de un asesor suyo, Ayo del neoliberalismo. Este asesor, por segunda vez, vendió a García Pérez la misma idea que la puso en manos de Fujimori. De modo que el 25 de noviembre de 2007, en el mismo Diario el Comercio de Lima, García Pérez con el título *Receta para acabar con el perro del Hortelano*, ofrece el derrotero de sus futuras acciones gubernativas en seis líneas de ejecución y resume para cada uno, las pautas establecidas por los teóricos liberales[43]. Las seis líneas precisadas en la "Receta..." las abordaremos unas, tras otras, en estos términos: Primero, al plantear Alan García" *[I] Quitar al Estado la obsesión del control total"*, nos está proponiendo que el Estado peruano, abdicando sus funciones de velar por las necesidades básicas de la mayoría peruana, conocido también como *bienestar general*, debe única y exclusivamente posibilitar la cesión de territorios y recursos a los agentes económicos, para su explotación y usufructo privado y, utilizar el aparato burocrático del Estado para facilitar y garantizar el crecimiento económico irrestricto de aquellos agentes. En contrapartida, los inversionistas transnacionales y nacionales, a cuenta de las ganancias, derivadas de la explotación de la riqueza, se encargarían de generar empleo, de disminuir los niveles de pobreza y extrema pobreza, los niveles de desnutrición, ocuparse de la educación y la salud públicas. En suma, lo que el Estado peruano está obligado a realizar, según García Pérez, debe delegarse a las fuerzas del libre mercado y estas debieran solucionar el problema de la inequidad distributiva. Sin embargo, esta receta "salvadora" que García Pérez plantea como

---

43. *Para Smith y Jefferson, el papel del gobierno era el de árbitro, no el de jugador.* La libertad de elegir; Friedman, M. 1980, p. 19.

98

elaboración suya, primero, no es tan suya, como él o su asesor lo manifiestan. Viene al caso recordar que todavía allá entre los estertores del siglo XVII y albores del XVIII (más o menos 230 años atrás), el economista Adam Smith, padre del libre mercado, planteó de mejor forma esta cuestión del Estado: "...De acuerdo con este sistema de libertad natural, el soberano[44] sólo tiene que atender a tres obligaciones (...) primera, la obligación de proteger a la sociedad de la violencia y de la invasión de otras sociedades independientes; segunda, la obligación de proteger, hasta donde es posible, a cada uno de los miembros de la sociedad, de la injusticia y de la opresión...y tercera, la obligación de realizar y conservar determinadas obras públicas y determinadas instituciones públicas, cuya realización y mantenimiento no pueden ser nunca de interés para un individuo particular ..."[45] A esta definición de Estado, tras muchísimos años de discusión, se la caricaturizó como "un Estado Cancerbero", en sabia comparación con aquel perro de la mitología griega, de tres cabezas y una serpiente por cola, cuya única función bajo la compañía del barquero Caronte era custodiar en la orilla del río Aqueronte, las puertas del Hades, para que ningún humano, ingresara sin permiso y, a la vez, ningún espectro consiguiera salir de los infiernos. Graficando esta precisa comparación: el perro de tres cabezas es el Estado facilitador; Hades, el paraíso económico de los capitalistas; el barquero Caronte, los empleados públicos.

Aclarado este primer asunto, veamos la segunda *gragea* de la receta de García Pérez: *"[II] Estimular al empleado público que presta el mejor servicio"*. En un

---

[44] Con la expresión: soberano, Adam Smith, está refiriéndose al Estado. Nota del autor.
[45] La riqueza de las naciones, vol. II, p.601.

Estado neoliberal como al que aspira Alan García Pérez, un empleado público es el conspicuo heredero de los servidores de las antiguas monarquías. Un obtuso hombre gris, acomodado y sometido a las normas y gollerías del Estado Cancerbero y tiene un estatus laboral, diferenciado de aquel otro trabajador común y corriente que se gana la vida derrochando esfuerzo y sudor. Prácticamente, con tales características, el empleado público es una herramienta humana fundamental para cumplir y hacer cumplir al pie de la letra, las funciones de vigilancia que el Estado le asigna. Es un dócil *Caronte*. Sin embargo, gracias al desarrollo social, el empleado público de estos tiempos sabe que es una fuerza política, parte indisoluble del engranaje neoliberal, con poder de negociación; de ahí que el estímulo al empleado público, es una condición básica para la supervivencia del neoliberalismo.

La tercera receta que Alan García Pérez plantea: *"[III] Liberar los bienes que el Estado no usa ni trabaja"*, en síntesis significa: liberar las tierras ociosas de los comuneros "en lotes" y las áreas inmobiliarias agrícolas o terrenos eriazos que no utiliza el Estado, para vender o subastar, a "los inversionistas capaces de hacerlas producir", no importará el precio, ni a quiénes vender, si es a militantes o amigos del partido, mejor será.

La cuarta receta que Alan García Pérez elaboró, se resume en este párrafo: *"[IV] Abrir a la producción y al trabajo las áreas sin uso que tiene el país. Esto exige una gran reflexión de los ciudadanos para dejar atrás los prejuicios ideológicos"*.

En efecto, la reflexión que invoca García Pérez es un llamado subliminal que induce a los peruanos olvidar nuestra soberanía, potencialidad de gestión y emprendimiento económico, seguridad e identidad nacional. Lo más curioso de esto es que agradezcamos por la escandalosa subasta del territorio patrio y demos la bienvenida, con bombos y platillos, a quienes que con la fachada de inversionistas vienen a apropiarse de extensas tierras de los Andes y la selva para establecer en esta última, sus bases militares, plantas embasadoras de agua, pozos petroleros y gasíferos. De esa manera, a cuenta de migajas de regalías, se las llevarían a precios ínfimos, mientras los dueños del agua, del oro, cobre, petróleo y el gas, con tomas de carreteras, paros y huelgas, entre detenciones y balaceras mendigan la rebaja de los precios de su propia agua, gas y petróleo que a precios de importación les venden. A estos peruanos, García Pérez los llama también *Perros del Hortelano*.

Esta conclusión no es una elaboración gratuita, sino que surge del análisis elemental del destino que le dará a las 8 millones de hectáreas de la selva peruana destruidas por la acción depredadora de los inversionistas, por quienes García Pérez, aboga y presentó al Congreso de la República, el Proyecto de Ley Nº 840, el 28 de diciembre del 2006, planteando espantosas modificaciones a la normatividad legal existente para tierras forestales de la Amazonía. Entre ellas resalta el monopolio de la propiedad agraria y franquicias legales para los inversionistas en actividades de alto componente de capital, como la petrolífera, gasífera y forestal, en detrimento de la pervivencia de las comunidades nativas.

Respecto al tratamiento legal que le habrá de dar a las tierras comunales sin uso de la Sierra Peruana, García Pérez concuerda con las transnacionales mineras y está convencido de la engañosa e interesada proposición:

101

"La sierra es minera y no agropecuaria". Sabe además que casi toda la Sierra, incluyendo poblados mayores y menores, está denunciada, como áreas de dominio minero, conforme tengo demostrado atrás. El único problema es que estos denuncios se encuentran sobre propiedades comunales.

Es más, cuando en El Comercio de Lima aparecen estos tres artículos de García Pérez, la enajenación o "liberación" de los bienes comunales y las áreas agrícolas eriazas que no utiliza el Estado, para abrir a la producción y al trabajo, ya se encontraba en plena ejecución. La inició inició Alberto Fujimori y fue quien; por una parte, en 1996, arrebató a las Municipalidades del Perú, la competencia de enajenar y titular propiedades inmobiliarias urbanas y creó la Comisión de Formalización de la Propiedad Informal (COFOPRI), a propuesta de Hernando de Soto, supuestamente para otorgar a los pobres un instrumento jurídico que les consintiera el reconocimiento del Estado a su inversión predial. Pero, defenestrado Fujimori, entendiendo que esta política derivaría en conflictos para un gobierno de transición, el año 2001 el Dr. Valentín Paniagua devolvió las funciones de titular propiedades urbanas, a las municipalidades. Por lo tanto, COFOPRI quedó relegado sólo como una instancia técnica más; y Hernando de Soto, esperando mejores coyunturas, se hizo a un lado.

Por otra parte, para titular territorios comunales del área rural y, crear las condiciones para el advenimiento del monopolio agrario y engarzarlas a los tentáculos de la minería, se creó en el Ministerio de Agricultura, conforme tengo dicho atrás, todavía a fines de 1992, el Programa Especial de Titulación de Tierras (PETT). Este cumplió a la perfección su cometido y prosiguió con esta tarea, durante los períodos de Valentín Paniagua y Alejandro Toledo.

En el año 2006, Alan García Pérez, no bien accedió al poder, sabedor que este renglón era clave para su política neoliberal, buscó a los mentores y asesores del fujimorismo y ellos, reabrieron la senda ya trazada: primero, mediante el D.S. 019-2006-Vivienda devolvió atribuciones a la COFOPRI trasladándolas del Ministerio de Justicia al Ministerio de Vivienda y Construcción. Pero como esta decisión no solucionaba el problema de la titulación rural, mediante DS 005-2007-Vivienda, el 21 de febrero del 2007 el Programa Especial de Titulación de Tierras (PETT) fue absorbido por COFOPRI y poco tiempo después, mediante el Decreto Supremo-025-2007-Vivienda, COFOPRI se convirtió en Organismo Público Descentralizado. Aun así, estas normas no resultaban suficientes para el curso fluido del libre mercado de tierras. Al interior de las comunidades campesinas había un problema pendiente; según la Ley 26505, la venta de las tierras comunales sólo era posible con la aprobación mayoritaria de comuneros, situación que en la práctica era difícil de lograr, por lo que el Presidente García Pérez, el 18 de diciembre del 2007, presenta al Congreso de la República, el Proyecto de Ley 1992/2007-PE, en el que propone la modificación de la Ley 26505, para que en la venta de tierras comunales no se requiera una mayoría absoluta.

Más adelante, el 27 de junio de 2008, por Decreto Legislativo N° 1089, en el marco de las facultades legislativas entregadas por el Congreso al Ejecutivo, para adecuar la legislación nacional al Tratado de Libre Comercio TLC con los Estados Unidos, COFOPRI, asumió de manera temporal y excepcional la titulación de predios rústicos y tierras eriazas habilitadas y se declaró de "interés nacional" la titulación rural por un periodo de cuatro años, con lo que prácticamente se subastaba las tierras comunales de la sierra y la costa, para encajar a los intereses de la gran minería. Del mismo modo se procedía en la entrega de hidrocarburos, aguas y tierras de la selva.

La quinta receta, de García Pérez titula así: *"[V] Nuevos procedimientos para fomentar la inversión"*. Tras analizar su contenido, la connotación de la misma, sugiere imaginar a un desesperado padre, quien despilfarró lo mejor de la riqueza mal habida y llegado el momento de los apremios, apenas le restan bienes que para ser útiles, necesitan de trabajo y capital, que para él son del otro mundo, pero como está urgido por los apremios económicos que ocasionará la fiesta de los quince *"abriles"*, de su hija, no tiene otro camino que ofrecer caro o barato y con gangas, a sus voraces timadores, a quienes él los llama inversionistas. Esta es la sensación real de la historia económica del Perú, que en esta ocasión Alan García Pérez, sí por supina ignorancia de lo que significa ganancia o, simplemente, por propensión a pignorar los recursos naturales, desesperadamente fundamenta ante los peruanos, sosteniendo que los grandes inversionistas son la *"gallina de los huevos de oro"*, a quienes hay que tratarles con guantes de oro, entregándoles el territorio patrio y cuidando que no se nos vayan, acompañarlos con su *yapita* de: exoneraciones tributarias, salarios bajos o *cholo barato*, reducciones arancelarias, allanamiento de trabas en los cobros o pagos de los servicios públicos, exoneración de evaluaciones ambientales, aceleramiento de trámites y plazos, en fin, garantizándoles mínimos costos y máximos beneficios. Es más, sugiriéndoles que las ingentes toneladas de oro y plata que despojan al país, las orienten hacia la metalurgia, de tal forma que los metales preciosos salgan al exterior con valor agregado en forma de anillitos, aretitos y cadenitas, o solicitando a las transnacionales un *"óbolo minero" o una limosna minera,* en reemplazo de tributos. A las petroleras y gasíferas recomendarles que el crudo o el gas licuado, primero las exporten a tal o cual país y si de estas transacciones les sobra algo, recién a precios de importación los vendan a los *Perros del hortelano.* O recomendando que las empresas constructoras e inmobiliarias transnacionales, emulando a los Estados Unidos, edifiquen viviendas en grandes *"paquetes",* sobre terrenos expropiados, que van como apoyo del Estado, para encargarlos la venta o el cobro a los grandes bancos, que el Estado se encargaría de garantizar el retorno absoluto de sus inversiones. Pero la receta no queda allí; en el sector rural, mediante una ley dispone que los inversionistas privados, siguiendo las pautas del Banco Mundial[46], construyan la infraestructura de riego con sus propios recursos y se paguen con las nuevas tierras irrigadas o con la venta del agua. Este asunto, ya no es nuevo. Primero, las grandes irrigaciones en actual uso y casi la totalidad en la costa, si bien costaron una inversión pública incalculable y su puesta en funcionamiento duró en muchos casos, más de un siglo, el usufructo de las tierras incorporadas al riego no precisamente beneficiaron o benefician a los verdaderos campesinos: pequeños y medianos agricultores, sino a grandes grupos económicos, conocidos como agro-exportadores; segundo, las que actualmente están en proceso de ejecución, la mayoría, son financiadas una parte, por el Estado, sea con recursos propios o endeudamiento externo y la otra, por las constructoras a

---

[46] El Plan de Acción Agrícola del Banco Mundial (BM) para el período 2010-2012 fomenta las inversiones privadas en proyectos agroindustriales de irrigación, investigación y compra de tierras en todo el mundo.

cuenta de que sus inversiones las recuperen vendiendo los lotes agrícolas habilitados a los agro-exportadores. En esta dinámica se encuentra la Irrigación Majes- Sihuas II, cuya ejecución va creando conflicto entre las regiones Cusco y Arequipa; lo peor, ambos gobiernos regionales, por ignorancia o a sabiendas, han entrado a la dinámica de las transnacionales interesadas en la subasta de las tierras agrícolas incorporadas al riego en dicho proyecto.

La pregunta de rigor es: ¿Cuándo el Estado peruano, irrigó grandes extensiones de tierras, cuya habilitación, costó miles de millones de dólares y su ejecución duró centurias, para que los agricultores peruanos, de a pie, las trabajen y se beneficien? Nunca.

Algunas de las sugerencias de Alan García Pérez pueden funcionar y funcionaron, en otros países hermanos, cuyos capitalistas nacionales, tras un largo y sacrificado periodo de trabajo, ahorro e inversión, crecieron y lograron constituirse como tales. Digo, puede funcionar en el Perú, siempre y cuando, García Pérez procurara interés por los capitalistas nacionales o *Perros del hortelano* como él los llama así y, les brindara las franquicias que le ofrece a las transnacionales. Al decir capitalistas peruanos no me refiero a estos testaferros del capital transnacional, que sin trabajar, del Estado peruano hacen uso privado y de la amistad, o de una conversación con las eminencias que manejan los destinos del Perú, cobran millones de dólares, se alían con transnacionales, hacen empresas (mineras, petroleras, de irrigación, etc.) y arruinan el país. No, me refiero a estos otros, de quienes Hernando de Soto demostró que, sudando la gota gorda, trabajando de sol a sol, sea de agricultores o ganaderos en su retazo de chacra, o de ambulantes, trocheros, pescadores, tricicleros, etc. han acumulado capitales y forjado un Perú de ellos, sin un

Estado que les apoye y, peor aún, pagan deudas externas que nunca se prestaron.

Dicho aquello, ahora veamos la receta VI, que Alan García Pérez extiende para acabar con el *Perro del hortelano* y que dice así:*"[VI] Dar al trabajo un nuevo valor de ahorro".* Y empieza resumiendo la situación laboral del momento así: *"Hay millones de peruanos que no tienen jubilación ni seguro social ni vacaciones ni jornada de ocho horas. Resulta así que su trabajo no tiene valor futurible. Trabajan en pequeñas y microempresas y los dirigentes sindicales de la gran empresa y del Estado no los defienden sino que se defienden a sí mismos. Es absurdo. Al poner como condición el "todo o nada", exigiendo a la microempresa costos que solo la mediana y gran empresa pueden pagar, lo único que se logra es que esos millones de trabajadores no tengan ningún derecho. Lo inteligente es conciliar el avance de los derechos con la realidad del pequeño empresario, que no es un gran capitalista sino un trabajador que ha creado trabajo."*

Al respecto, primero debo recordarle al Dr. García Pérez, que *"los millones de peruanos que no tienen jubilación ni seguro social ni vacaciones ni jornada de ocho horas ..."*, no es obra de los peruanos indígenas, mestizos y criollos empobrecidos, a quienes él los llama: *Perros del Hortelano,* sino del Estado racista, éste que en cerca de dos centurias de existencia sólo se ocupa en sostener a una sinarquía holgazana que no supo ni sabe trabajar, ahorrar, menos crear capital y vive a cuenta de los denodados esfuerzos de la clase trabajadora. Por sí se olvidó García Pérez, diez de aquellos años incluyendo los del último período, le corresponden a él y en ese lapso, no hizo, ni hará nada para cambiar las condiciones infrahumanas en que vive la clase trabajadora, como consecuencia de las injustas relaciones sociales y económicas en el que actúa el trabajo. García Pérez, a sabiendas que esto es así, aparece mostrando sofismas políticos como soluciones. Para que se sepa, en los últimos años (2006-2011) no hay empleo digno para la mayoría de los peruanos. La tendencia que ha dejado Alejandro Toledo es la misma; de los peruanos que están empleados, el 35 por ciento, sigue trabajando en el sector privado, el 10 por ciento lo hacía en el sector público y el 53 por ciento, labora por su cuenta. Acaso no es cierto que el gobierno de García Pérez, en su afán de proteger a los inversionistas, se mostró como un sempiterno aliado de los empresarios. Los trabajadores, según él, nunca tuvieron razón en sus demandas mínimas; no hubo estabilidad laboral, ni condiciones dignas de trabajo y como triste corolario, el sueldo mínimo no cubría la canasta familiar y si para algo alcanza, es sólo para reponer su fuerza de trabajo y morir como un trabajador mal pagado. Esa es la síntesis de la historia laboral del Perú en su segundo gobierno; y viene a pelo recordarle que en esta República peruana en la que él gobernó, el 53 por ciento de trabajadores a falta de fuentes de trabajo y no morir de hambre a consecuencia de su política neoliberal, ha creado su propia fuente, en un reducido espacio de su vivienda, donde forja, fabrica, crea, mercancías y las coloca en el mercado, y a quienes también él, por un lado, con desparpajo e hipocresía, los llama como microempresarios y por el otro, cuidando los intereses de sus aliados, los grandes inversionistas en mercancías, ordenó persecuciones policíacas, torturas y decomisos de la Policía Nacional y serenazgos municipales, que en la práctica son guachimanes de aquellos, persiguiendo a sus competidores ambulantes. Aun así, los micro empresarios ahorran y crean capital sin el concurso de las fantasías neoliberales predicadas por García Pérez. Tampoco está demás aclarar que en cumplimiento a las obligaciones emergentes del Tratado de Libre Comercio suscrito con los Estados Unidos de

Norteamérica (TLC), en junio del año 2008 y, sustentado en esta receta que venimos refutando, expidió leyes para incorporar y legitimar nuevas formas precarias y evasivas de explotación humana. Lo dicho hasta aquí es corroborado con cifras como las de CEPAL, que asume que en el 2009 la tasa de desempleo urbano en el Perú era el 8,5% de la PEA. Igualmente, si miramos al Perú por la franja social más importante, la de los jóvenes, es preocupante; según el Instituto Nacional de Estadística e Informática (INEI: 2007), de cada tres desempleados dos son jóvenes entre 15 y 29 años y uno es adulto; y de cada cinco jóvenes que trabajan, cuatro lo hacen en condiciones precarias. Y condiciones precarias significa: trabajar tercerizados en jornadas de doce a catorce horas diarias, sin jubilación, ni vacaciones; no recibir el pago por horas extraordinarias realizadas, ni tener acceso a la seguridad social; no tener pensiones, menos compensación por tiempo de servicios. En fin, tal situación ha generado que el índice de desempleo juvenil en el Perú durante su segundo período, alcanzara el 16.8% en el 2009. Es más, un estudio de la Organización Internacional del Trabajo (OIT), concluyó que en el Perú, solo en el 2009, unos 600 mil jóvenes, se sumaron a las filas del desempleo, a consecuencia de la crisis mundial. Finalmente, estas son las condiciones laborales que han generado las medicinas que en esta su receta neoliberal Alan García Pérez, con tanto deleite, se empeñó en aplicar.

3. *"El perro del hortelano contra el pobre"*: Propaganda neoliberal.

El siguiente artículo publicado el 2 de marzo de 2008 en El Comercio de Lima, Alan García Pérez, Presidente de la República, titula: *El perro del hortelano contra el pobre*.
Empieza con una sugestiva introducción ironizando las luchas populares que en defensa del patrimonio nacional,

maltratado y traficado por los operadores del turismo, se suele realizar en la ciudad del Cusco y, dirige sus puyas, para zaherir al *Perro del hortelano*, en cuatro puntos específicos, mostrando con números y adornando con frases rebuscadas los "avances" de su política neoliberal. La introducción textualmente empieza así: *"Las imágenes de una turista alemana, desesperada por el bloqueo de las carreteras, gritando que nunca volverá y que pedirá a todos los alemanes no venir al Cusco, nos conducen otra vez a la profundidad psicológica del perro del hortelano que existe en muchos de nosotros. (...)"* [47]. Mejor expresión que ésta para graficar el pensamiento de Alan García Pérez, respecto a la ciudad del Cusco, no puede haber. Para él, Cusco, patrimonio cultural de la humanidad no es más que una mercancía donde el cliente siempre tiene la razón y si no fueran por los monumentos arqueológicos que nos legaron nuestros antepasados, Cusco no tendría ningún valor monetario. Pero quiera o no García Pérez y sus asesores, les importe o no el legado histórico- cultural, lo cierto es que Cusco, es el principal atractivo que encanta al mundo y fluyen hacia él, por lo menos, unos dos mil turistas diarios y gracias a ese flujo, extrapolado en dólares y soles, existe una actividad turística que, sin haber invertido un céntimo en tales atractivos, le da ingentes ingresos al Estado; es más, vende o subasta a las transnacionales, monumentos históricos y servicios de transporte, que poco o nada le cuesta, para que éstas, exploten a cero costo y ciento por ciento de beneficio.

Visto así, lejos de indignarse en la introducción de su artículo, por la desesperación de aquella alemanita, quien dejara maldecida al Cusco, al presidente Alan García Pérez le habría sido más útil preocuparse de lo desastroso en que se encontraba la línea férrea, único acceso a Machupicchu, donde continuamente las vías, trenes, estaciones y

---

[47] El perro del hortelano contra el pobre; Dr. Alan García Pérez, El Diario El Comercio de Lima, 02 de marzo del 2008.

terminales, funcionan conforme los dejaron sus constructores, hace por lo menos cien años atrás. Pero, ironías de la naturaleza, negligencia humana o las dos juntas, en tiempo de lluvias, quedan truncadas y, paradójicamente, regalados o subastados por el Estado a una transnacional, para que esta, ante la mendicante mirada de su habitantes empobrecidos, con mordaz sensación fruitiva acopie millones de dólares que a diario los dejan los 2 mil turistas por concepto de transporte. También habría sido más fructífero que Alan García Pérez, lejos de compadecerse de la alemana aquella, se ocupara en la seguridad de la misma turista, cuando ésta, en la puerta del Hotel Monasterio es arranchada de su cartera por un ladronzuelo o, mejor, de la legión de mendigos que la abordaban en la plaza de armas del Cusco, pidiendo *one dollar*; o, a encarcelar a los traficantes de drogas, pululando en las discotecas tras la alemana y, finalmente, a combatir la desvergonzada prostitución infantil campante en los hoteles de turistas del Cusco. En fin, hay razones suficientes para afirmar que no es honrado acopiar dólares o soles y llevarse a raudales sin haber invertido un céntimo en la mejora de la fuente, que da gratis la pródiga riqueza que nos legaron nuestros ancestros los Inkas. Si se despoja la riqueza que genera nuestro patrimonio cultural, catalogada como industria cultural, por lo menos habría que ocuparse en mantener los monumentos, solucionar aquellas lacras que el turismo tan promocionado en el mundo por Alan García va dejando desparramado.

El siguiente items de este artículo de García Pérez dice así: *"El perro del hortelano ya perdió la lucha que sostuvo contra la economía moderna. Su letanía fue que todo capital es un robo del trabajo ajeno y que la inversión siempre es explotación y dominación. Era fanáticamente estatista, pero nunca pudo explicar de dónde saldrían los recursos para asegurar el crecimiento y el empleo.(...)"* Sobre este curioso dislate, sin tratar de eludir su connotación teórica del que estoy seguro García Pérez saldría malparado, debo aclarar esto mismo, pero en términos históricos, indicando que el pueblo indígena, mestizos y criollos empobrecidos, conocido por él, como *El Perro del hortelano,* durante toda la historia política y económica del Perú como Estado, jamás, tuvo acceso al poder y si existió o supervivió fue exactamente como la *plástica arcilla,* de quien los dueños del Perú, en los cerca de doscientos años, sin contar los trescientos anteriores, hicieron y hacen aún de ellos, lo que se les antoja. Sin embargo, lo que no olvidan los *Perros del hortelano,* es que en aquellos cinco largos siglos, su trabajo y sus recursos les fueron robados vilmente y como si esto fuera poco, en ese largo tránsito, ese trabajo secularmente robado, sus dominadores no ahorraron ni los convirtieron en capital, menos invirtieron y, hoy, los mismos disolutos operadores de antes aparecen disfrazados de salvadores neoliberales, subastando lo poco o mucho de recursos que aún quedan, para financiar la holgura de aquella sinarquía parásita.

Zanjado el primer punto, vayamos al segundo y tercer subtítulos, cuyas sumillas textuales expresan así: *1) "Dice: "El Gobierno no hace nada para reducir la pobreza"(...).2) El perro del hortelano acepta: "Hay programas contra la pobreza". Pero luego observa: "No están debidamente articulados "* Estos dos ítems del artículo en análisis son ironías que Alan García Pérez se hace y escribe, convencido que el *Perro del Hortelano* a quien dirige sus diatribas, no creen la inmensa propaganda gubernamental, que hasta la saciedad, le van atiborrando sobre la reducción de la pobreza en el Perú. Como suele decirse*: miente, miente que algo queda,* en cada ocasión de mensaje a la Nación o en sus cotidianas fulguraciones, fue propagando y anunciando aquellas cifras como logros evidentes de su política social y económica. Por ejemplo, en el mensaje del 28/07/2010, como correlato del supuesto crecimiento de la economía nacional, anunció que la pobreza, en lo que va de su periodo, se había reducido de 48% al 34% y con tal antecedente, la meta para el 2011, sería llegar al 30%. Sin embargo, estos anuncios no fueron más que triunfalismos, encumbrados por la prensa incondicional, el aplauso de sus fámulos del Congreso, sus aliados de la CONFIEP, de la Sociedad Minera e hidrocarburos, de los exportadores, de las Cámaras de Comercio, en fin, de todos aquellos beneficiarios del *chorreo* de la economía, avizorando el año 2016 para concluir su *faenón* neoliberal en aquel horizonte. Sin embargo, varios economistas afirmaron preocupados, que cuanto el Sr. Presidente y su entorno difundían, era un espejismo estadístico destinado a maquillar sus artículos del *Perro del hortelano*, motivo de este análisis. Otros, como el Dr. Kurt Burneo[48], dijo textualmente al respecto: *"El último mensaje del presidente creo que es un buen ejemplo de desentendimiento de las expectativas de la mayor parte de los peruanos, es decir los ciudadanos de a pie. En lo que respecta a los temas económicos –en marcados contrastes– por un lado efectuó anuncios de medidas sin cuantificar, algunas de las cuales pudieron ser tomadas 4 años atrás debidamente medidas y explicadas. (...) ¿Frente a esto me pregunto, si la pobreza rural para el próximo año detrás del anunciado 30% de pobreza en promedio, seguirá estando por encima de 60% (60.3% en el 2009)? ¿O la pobreza en departamentos como Huancavelica y Apurímac por encima del 70% (77.2 y*

---

[48] El no entender a la gente; Kurt Burneo, Director de Carreras de Economía-USIL, Lima, 01/08/2010

70.3% en el 2009 respectivamente)?..." Igualmente el Dr. Fernando Eguren, mostrando cifras contundentes, en un artículo suyo, respecto a la pobreza de los trabajadores rurales, indica que según los datos de la Encuesta Nacional de Hogares del año 2008, ENAHO, la incidencia de la pobreza entre los trabajadores rurales era muy alta, 55%, pero lo es más en aquellos que se dedican específicamente a la agricultura: 58% entre los hombres y 63% entre las mujeres.

Igual que aquellas opiniones, hay muchas otras y la pregunta, es la misma: ¿Si la economía del Perú, en lo que vino del gobierno de Alan García Pérez (2006 a 2011), creció en valores extraordinarios, la pobreza decrece en cerca de 14 puntos porcentuales y se redujo la mortalidad materna de 185 por 100,000 nacidos vivos en el año 2000; a 103 en el año 2009; la mortalidad infantil en el mismo periodo; de 33 a 20 por mil nacidos vivos y, finalmente, la tasa de desnutrición crónica infantil se contrajo de 25% en el año 2000 a 18% en el año 2009. Como todo esto es así, la interrogante lógica que los peruanos nos hacemos es: ¿por qué entonces al final de su gobierno, las poblaciones rural-andinas y amazónicas (indígenas, mestizas y criollas empobrecidas), mostraban signos evidentes de pobreza y extrema pobreza?

Para responder a esta interrogante conviene recordar que en esta primera década del siglo XXI, por cierto muy inusual, se han realizado dos censos nacionales: El Censo del 2005, llevado a cabo entre el 18 de julio y el 20 de agosto de aquel año (décimo censo nacional de población y quinto de vivienda), y este nuevo censo del 2007 (undécimo de población y sexto de vivienda), el cual fue realizado el 21 de octubre de ese año. Las razones para que se realizaran dos censos nacionales en dos años, lo que normalmente se debe realizar, cada diez años, sólo y exclusivamente, fueron incumbencia del Presidente de la República Alan García Pérez y de sus asesores, quienes, no bien accedieron al poder político, subestimaron los resultados de aquel anterior y convocaron al nuevo censo del 2007, en el que según los entendidos la nueva administración del Instituto Nacional de Estadística e Informática (INEI), habría incorporado herramientas metodológicas de medición de los índices de pobreza, a las exigencias de las políticas neoliberales del gobierno entrante. Esta manipulación sería la causante de las controvertidas cifras y realidades sociales del Perú, respecto a la reducción de la pobreza.

Aquellas controversias fueron puestas al descubierto con la aparición en agosto del 2010, del estudio denominado Estado de la Niñez Indígena en el Perú, elaborados entre el Instituto Nacional de Estadística e Informática (INEI) y el Fondo de las Naciones Unidas para la Infancia (UNICEF). El documento al que hago referencia, tiene vital importancia en la interpretación de la realidad social actualizada del Perú de aquel entonces, respecto al sector indígena, secularmente excluido y marginado. Sobre el particular, mejor demos paso al estudio indicado, que define la importancia del trabajo, así: "Este estudio muestra dos cosas, fundamentalmente. Por un lado, las grandes desigualdades en la situación de pobreza, educación, salud e identidad entre los niños, niñas y adolescentes indígenas y aquellos de lengua materna castellana. Por otro lado, la heterogeneidad al interior de la población indígena y la situación de mayor desventaja general de la población de lenguas originarias amazónicas en comparación con los de lengua quechua y aymara"[49].

---

[49] Estado de la Niñez Indígena en el Perú. Instituto Nacional de Estadística e Informática (INEI) y Fondo de las Naciones Unidas para la Infancia (UNICEF), Agosto, 2010. 156 p.

Con esta aclaración, veamos los datos que nos presenta el Estado acerca de la niñez indígena en el Perú a 2010. Al respecto, se concluye que la incidencia de pobreza total en la población indígena es casi el doble (55%) de la registrada en la población cuya lengua materna es el castellano (29%). Esta diferencia de 26 puntos porcentuales se explica en parte por la alta incidencia de pobreza extrema en la población indígena: el 26% con lengua materna originaria vive en situación de pobreza extrema, en contraste con el 8% de pobres que tienen al castellano como lengua materna. Al interior de la población indígena, los pueblos indígenas amazónicos son los que enfrentan una mayor incidencia de pobreza total (81%) y extrema (41%).

Respecto a la situación de pobreza de la niñez indígena, el panorama que nos muestra el estudio es más cruel: el 78% de los niños y niñas indígenas residen en hogares pobres, en comparación con el 40% de la niñez pobre que tiene al castellano como lengua materna. Respecto a la niñez indígena que reside en hogares pobres, más de la mitad se encuentra en situación de pobreza extrema (45%). De otro lado, entre los niños y niñas Amazónicos, es mucho mayor la incidencia tanto de pobreza total (86%) como de pobreza extrema (49%). Un porcentaje similar de la niñez quechua vive en situación de pobreza extrema (46%), siendo menor entre los que tienen al aymara como lengua materna (30%). Entre las regiones con mayor incidencia de pobreza; es decir, niños, niñas y adolescentes con lengua materna indígena, están en Huancavelica (82%), Apurímac (76%), Ayacucho (72%) y Puno (67%).

En relación al derecho a la salud de la niñez indígena, el estudio concluye así: " En las regiones donde más del 25% de la niñez, tiene como lengua materna la originaria, la tasa de desnutrición crónica, en niños y niñas menores de

5 años, está por encima del promedio nacional (18%): 20% en Puno, 23% en Ancash, 29% en Apurímac, 31% en Ayacucho, 32% en Cusco y en el caso de Huancavelica (43%) está incluso por encima del promedio para la población rural (33%). El 22% de las adolescentes mujeres indígenas entre los 15 y 20 años de edad, tienen por lo menos un hijo o hija. De otra parte, sólo el 28% de la niñez indígena, de 3 a 5 años, accede a fuentes mejoradas de agua, en comparación con el 66% de la niñez no indígena o de habla castellana del país. Entre los que tienen de 6 a 11 años, sólo el 32% de niños indígenas, acceden a tal servicio, mientras que el 68% de niños no indígenas, o de habla castellana, tienen acceso a ese servicio. Con relación a los pueblos amazónicos, la situación es aún más crítica, el acceso a agua proveniente de una conexión de red pública o de un pilón de uso público, no llega ni al 10% entre los niños y niñas menores de 12 años".

En lo relacionado al derecho de la niñez indígena a la educación, la situación que muestra el estudio es lo siguiente: "En educación, la proporción de niños, niñas y adolescentes indígenas que asisten a un centro educativo, es menor a la registrada entre sus pares con lengua materna castellana. En el grupo de niños indígenas de 3 a 5 años, sólo el 32% acude a un centro educativo; mientras que en los niños y niñas de la misma edad, con lengua materna castellana, asiste a una institución educativa el 55%. El promedio de las aulas de educación primaria donde acuden en su mayoría niños y niñas indígenas, el 27% necesita reparaciones mayores y el 25%, reparaciones menores; es más, en la mayor parte de escuelas de primaria que atienden a los niños y niñas indígenas, más de la mitad de instituciones educativas no cuenta con los tres servicios básicos: electricidad, agua y desagüe conectados a una red pública. Otra situación de desventaja de la niñez indígena, se expresa en los resultados de la

117

Evaluación Censal de Estudiantes en Lenguas Originarias (ECE-LO 2008): el 96% de los alumnos no logró los aprendizajes esperados para el grado que cursa en comprensión de textos escritos en la propia lengua. De otro lado, la proporción de estudiantes que abandona los estudios antes de haber finalizado el año escolar (tasa de retiro anual) es mayor en las escuelas de predominancia indígenas. En el acceso de los estudiantes indígenas a la educación superior, las brechas de inequidad son realmente críticas: el 35.1% de jóvenes de 18 a 20 años, con lengua materna castellana, tuvio acceso a la educación superior; contrariamente, sólo el 10.6% de los jóvenes indígenas de lengua materna originaria de la misma edad, accedieron a la educación superior".

Otro aspecto fundamental en el posicionamiento de las personas en la sociedad, es el derecho a la identidad; en la Amazonía, más del 20% de niños y niñas indígenas, de 3 a 5 años, no cuenta con partida de nacimiento. De acuerdo al II Censo de Comunidades Indígenas de la Amazonía Peruana (2007), el 35% delos Asháninkas y el 31.5% de los que tienen otras lenguas originarias amazónicas como materna, no cuenta con el DNI[50].

En síntesis, esta lectura nos muestra la dimensión excluyente y racista de la política económica y social de Alan García Pérez en su segundo período y, a la vez, retrata de cómo, con indicadores logrados en aglomeraciones urbanas de habla castellana, para abonar vanidades políticas protervas, se asume conclusiones y se muestra realidades sociales distantes a las de la población indígena.

---

[50] Estado de la Niñez Indígena en el Perú. Instituto Nacional de Estadística e Informática (INEI) y Fondo de las Naciones Unidas para la Infancia (UNICEF), 2010. 156 p.

Con estas conclusiones contundentes, elucubradas por Alan García Pérez en este artículo suyo[51], viene al caso recordarle al ex -presidente, algunas cuestiones de fondo: ¿Fueron verdades, mentiras o medias verdades, los tan publicitados en mensajes presidenciales, spots televisivos y en publi-reportajes del Programa Juntos, con sus 1'934.000 beneficiados, PRONAA, distribuyendo alimentos para un total de 6'113.000 beneficiados, Agua para Todos (PAPT), para un total de 2'500.000 beneficiarios en 288 distritos, Electrificación rural beneficiando a 220,000 habitantes, Crecer, focalizados para actuar al mismo tiempo en los 811 distritos más pobres?. Al respecto, en el Capítulo V de este ensayo se expondrá en qué terminaron aquellos programas.

La segunda cuestión, en términos de costo-beneficio: ¿Cuánta inversión destinó el Estado peruano para mejorar la calidad humana de los indígenas, en los cerca de doscientos años de historia, de los cuales, dos periodos gubernativos le corresponden personalmente al ex - presidente Alan García Pérez y por lo menos, unos cincuenta años de cogobiernos y legislaciones compartidas de su partido?

¿Cuánto les cuesta a los indígenas, mestizos y criollos empobrecidos mantener al Estado peruano que poco dio para ellos, en los cerca de doscientos años de existencia como tal? Comparativamente, ¿cuánto le cuesta al Estado peruano, en término de inversión generacional, elevar y mantener la calidad humana de un poblador urbano y cuánto invirtió en las poblaciones indígenas, andinas y

---

[51] El perro del hortelano contra el pobre; Alan García Pérez,...II) Dice: "El Gobierno no hace nada para reducir la pobreza". El Diario El Comercio de Lima, 02 de marzo del2008.

amazónicas, mestizas y criollas empobrecidas de Huancavelica, Apurímac, Ayacucho, Cusco, etc.?

CAPÍTULO IV

OBSESIÓN QUE TERMINA EN FIESTA DE SANGRE

El 19 de diciembre del 2007 el Congreso de la República, mediante la Ley N° 29157 delegó facultades legislativas por 180 días comprendidos entre el 1° de enero y el 28 de junio del 2008 para implementar el TLC entre el Perú y los Estados Unidos. Tiempo y poderes suficientes para que en alianza con potencias monopólicas, corporaciones transnacionales, capitalistas y testaferros nacionales, legitimaran amañadas leyes, acuerdos de políticas genocidas que bajo la retórica de la modernización, el desarrollo y control de la oferta de estupefacientes, los extranjeros tuvieran franquicia para invadir y ocupar militarmente nuestra Amazonía, someter, saquear y exterminar poblaciones indígenas y destruir nuestro medioambiente.

Sobre este asunto, el distinguido jurista peruano Dr. Francisco Eguiguren Praeli[52] opinó que al amparo de aquella ley, se aprobaron normas legales, distorsionando y desnaturalizando los términos de la delegación otorgada por el Congreso de la República. Todas estas maniobras indican a la distancia que Alan García manipuló a la opinión pública y al Congreso de la República, para

---

[52] Eguiguren Praeli, Francisco. 2008. *Análisis de la conformidad constitucional del uso de las facultades legislativas otorgadas por el Congreso al Poder Ejecutivo mediante la Ley 29157*. Informe jurídico. ELABORADO A SOLICITUD DE OXFAM AMERICA.

legislar de "contrabando" el pillaje de los recursos del país, fuera del ámbito competente y sin participación pública[53].

De otra parte, la AIDESEP, Asociación Interétnica de Desarrollo de la Selva Peruana, una organización representativa del pueblo indígena u originario de la Amazonía, secularmente ignorado y marginado por el Estado peruano, entró en acción. Esta vez, al advertir que este Estado, a espaldas de ellos, preparaba aquella parafernalia normativa, para despojarles de sus recursos y entregárselos a capitales transnacionales, conforme ya lo venía haciendo con la minería de las comunidades campesinas de la Sierra y Costa.

Ante el preludio de una invasión transnacional a la selva peruana, la AIDESEP tomó la actitud valiente de movilizar a sus bases de toda la Amazonía y plantear al Estado peruano, en agosto del 2008, su "Plataforma de Lucha por la reivindicación de los derechos de los Pueblos Indígenas de la Amazonía peruana", cuya primera cuestión fue la derogatoria inmediata de los Decretos Legislativos N° 1015 y N° 1073, N° 994, N° 1020, N° 1064, N° 1081 y N° 1090 por atentar contra los territorios indígenas y el archivamiento definitivo de los siguientes cinco proyectos de leyes: N° 840, 1770, 1900, 1992 y 2133. Es más, exigió que toda iniciativa legislativa relacionada a los pueblos indígenas y sus derechos tendría que ser sometida a consulta de estos pueblos, para evitar la afectación de su integridad territorial[54].

---

[53] Informe en minoría de la Comisión Especial para investigar y analizar los sucesos de Bagua- Jesús Manacés Valverde y Carmen Gómez Calleja, Abril 2010.

[54] Informe en minoría de la Comisión especial para investigar y analizar los sucesos de Bagua- Lima, Abril, 2010.

En el fondo, la plataforma de AIDESEP sintetizaba la defensa del territorio y autonomía indígena. Desde entonces, la lucha por lograr aquellas demandas entró en una larga movilización social masiva y consecuente paralización. Esta paralización, en agosto del 2008, tuvo que suspenderse temporalmente debido a un entendimiento con el presidente del Congreso de la República de aquella vez, Javier Velásquez Quesquén y el Presidente de AIDESEP, Alberto Pizango Chota. Ambos firmaron un acta de acuerdo, ratificando la voluntad del Poder Legislativo de debatir el pedido de derogatoria de los decretos propuestos. Pero estos acuerdos quedaron sumidos en la fría y racista indiferencia del Congreso de la República.

Transcurridos los tres primeros meses, la situación no tenía solución. Por eso el 9 de abril de 2009, la AIDESEP tuvo que anunciar la reanudación de la movilización amazónica con carácter indefinido. Finalmente, el 5 de junio 2009, el Perú fue remecido por la muerte de 34 peruanos, entre policías e indígenas amazónicos, en la zona denominada "La curva del diablo", de Bagua, del departamento de Amazonas. Esto, a consecuencia de que el gobierno aprista, primero, se negó aceptar las justas demandas de los indígenas, luego, desconociendo las razones pacíficas de las protestas indígenas, ordenó a la Policía Nacional a reprimir a los huelguistas.

Mejor síntesis para los muertos de la "curva del diablo" no puede haber que la sentencia de Alan García Pérez. Este al conocer los resultados de aquellas protestas, dejó expresada con desdén sobre los indígenas amazónicos la siguiente infeliz frase: *"estas personas no son de primera clase"*.

Sobre este suceso considero oportuno ceder la palabra al Dr. Alberto Chirif, quien en una entrevista dada al Diario de IQT, el 04/06/2010, sobre los sucesos del 5 de junio del 2009, cuando le preguntaron: "¿Cuáles son los errores que se siguen cometiendo al momento de entender o diagnosticar la Amazonía desde el Estado oficial?" Respondió: "No sé si se puede hablar de "errores". El desprecio por la vida y derechos de los pueblos indígenas no es producto del error, sino del cálculo para favorecer a otros intereses. Después de los sucesos de Bagua, para este gobierno la historia no ha cambiado. La dolorosa experiencia de muerte de policías e indígenas no le sirve para nada y sigue actuando de la misma manera arbitraria, prepotente y provocadora. Ha seguido suscribiendo contratos para explotar recursos naturales (petróleo, minas, bosques) y dando leyes que afectan a los pueblos indígenas. No hay que olvidar que hay un proyecto de ley para el traslado forzoso de población asentada en zonas donde se vayan a ejecutar proyectos que sean declarados de "interés nacional". Por experiencia sabemos cómo se ha manejado el tema del "interés nacional" en el país, que no es más que un eufemismo para ocultar intereses subalternos de autoridades coludidas con grandes empresas, con la finalidad de lograr el enriquecimiento mutuo."[55]

De otra parte, ante la exigencia de la población indígena y la presión de la OIT (Convenio 169-OIT y la Declaración de Derechos Indígenas de las Naciones Unidas) por la dación de una ley que obligue al Estado peruano, que para

---

[55] Perú: Chirif, Alberto: "Después de Bagua, para este gobierno la historia no ha cambiado", Diario de IQT, 04 de junio del 2010.
Nota del autor: El Dr. Alberto Chirif, es un connotado Antropólogo cuya vida, prácticamente ha sido un ministerio en aras de las Comunidades indígenas de la Amazonía, lo conocí en las Comunidades nativas de Palma real e Infierno de Madre de Dios, allá los años de 1975, cuando aún no peinábamos canas.

explotar los recursos naturales localizados en territorios de las comunidades campesinas y nativas, previamente se someta a una consulta de sus habitantes, cuyo proyecto de ley, aprobada por consenso el 19 de mayo del 2010, se encontraba en el Congreso de la República[56]. Ante ello, Alan García Pérez, consiente que si se aprobaba esta norma, traería abajo toda su política entreguista y, convencido de que en las elecciones presidenciales del 2011, la continuidad de la política neoliberal en el próximo período gubernativo era evidente, lo más que hizo para retrasarla fue escamotear con el veto presidencial y como que, en efecto, la norma quedó encarpetada en el Congreso[57].   Sin embargo, este interés antindígena, acariciada por Alan García Pérez y las transnacionales se derrumbará después, ante la presencia de dos hechos socio-políticos inesperados; uno de ellos, analizado y fundamentado en este ensayo.

El primer hecho se manifestó en el sur del Perú, preludiando las elecciones presidenciales de abril del 2011. Las poblaciones originarias y criollas (aymaras y qechuas) de Puno, plantearon al gobierno de García Pérez el retiro de la minería de dicha región, por cuanto históricamente, sus impactos sociales y ambientales eran nocivas para la vida de aquellas poblaciones. Contrariamente, las bondades económicas de dicha minería sólo beneficiaban a las transnacionales y sus adláteres nacionales. Sin embargo, el gobierno centralista, obnubilado por su gran interés en posesionar en el mando político del país a la opción neoliberal de su preferencia, soslayó tales clamores.

---

[56] Criticado por James Anaya, Relator de las Naciones Unidas para Asuntos Indígenas, Profesor de la Cátedra de Política y Derecho Humanitario de la Universidad de Arizona (EE.UU.).

[57] Finalmente este proyecto, se convirtió en Ley N° 29785, ley del derecho a la consulta previa a los pueblos indígenas u originarios, publicado el 07 de setiembre de 2011.

Hasta que a mediados de junio del 2011, injuriada por la indiferencia gubernativa, la población puneña se movilizó masivamente de sus comunidades, distritos y provincias con destino a las ciudades de Puno y Juliaca, para ser escuchada por el Estado peruano. Pero éste, en respuesta y conforme obró en Bagua y otros lugares del país, utilizó a la Policía Nacional para enfrentarla, con el consiguiente macabro saldo de seis ciudadanos muertos por el impacto de las balas de la Policía.

Tras estos luctuosos hechos, Alan García Pérez salió por los medios a justificar su siniestra indiferencia, felicitando a los "valerosos efectivos de la Policía Nacional" por defender el "Estado de derecho" y la "ley", a la vez que les daba sus condolencias a los deudos de los puneños asesinados, exhortándoles de que la próxima vez no asuman actitudes antidemocráticas. Su Primera ministra, como de "costumbre", al ser llamada al Congreso de la República, endilgó el peso de su responsabilidad, al poder judicial, para que éste enjuicie y encarcele a los "agitadores", es decir, al pueblo puneño. Al respecto, como era de esperarse, políticos, politiqueros, comentaristas, periodistas, analistas y expertos, desde los medios, hicieron escarnio del pueblo puneño por haber puesto el dedo en la llaga de la minería que sangró al Perú desde la llegada de los españoles. Estos que al Perú lo tienen como hacienda, pretextando justificar la actitud represiva del Estado peruano, defendían con uñas y dientes a las transnacionales mineras, satanizando al pueblo puneño, por ahuyentar a los inversionistas: ¡Sin la minería, no habrá inclusión social! ¿Y las regalías y el canon? ¿Qué sucederá, si como en Puno, en otros pueblos del Perú, se levantan y dicen no, a la minería? ¡El Perú, retrocederá! En fin, preludiaban una catástrofe para el Perú. En cambio otros, aquellos intelectuales que sin saber en qué país viven y pasan sus días soñando utopías para el Perú, coincidiendo con los primeros y con Alan García Pérez, sentenciaban de este levantamiento, como que era consecuencia de la "ausencia del Estado en aquellos lugares del Ande". Por supuesto, conclusión, digna y propia del conocimiento limeño de la realidad histórica social y geográfica del Perú, consecuentemente falsa, puesto que los pueblos conocidos hoy como indígenas u originarios (quechuas, aymaras, chankas, poqras, wankas, etc.), conocen al Estado, desde cuando trocó de encomendero a corregidor e intendente con su espantoso mosquete, enviando a los indígenas en *mit'as* a morir en las minas y, como producto macabro, remesando el oro al rey de España; y del Estado peruano de hoy, el indígena, conoce la metamorfosis del Guardia civil o *Wayruru*, cuidante del hacendado latifundista provisto de sendas cahiporras y fusiles, a la Policía Nacional dotada de sofisticados AKMs y bombas lacrimógenas, cuidando, en nombre del Estado peruano, a las empresas mineras, petroleras, etc. Este es el Estado peruano, sucesor del Estado colonial, al que el pueblo indígena del Perú conoce bien.

CAPÍTULO V
GENOCIDIO, IMPUNIDAD Y DERECHOS HUMANOS EN LA HISTORIA DEL PERÚ.

1. SINOPSIS HISTÓRICA
1.1. La invasión española y la colonia.

La historia política del Perú en sus anales registra crímenes impunes de *Lesa humanidad,* las cuales empiezan con el genocidio de Cajamarca, en 1532, con Francisco Pizarro; luego, el exterminio humano en la ocupación española a lo largo del *Tawantinsuyu,* la inmisericorde reducción de indígenas en precarias comunidades por Francisco de Toledo, la persecución antidolátrica por la iglesia católica, el exterminio de poblaciones indígenas en las *mit'as* mineras y obrajeras, caracterizaron a la corona española y a la Iglesia Católica en América Latina, como las más genocidas de los siglos XV y XVI. En el siglo XVIII, tras el levantamiento de *Thupaq Amaru II* y el suplicio de éste y los 18 acompañantes de la gesta libertaria (18 de mayo de 1781), incluyendo a su esposa e hijo; la ordalía de sangre y la impunidad prosiguió con el arrasamiento y exterminio de poblaciones indígenas íntegras hasta la independencia[58].

1.2. Independencia y República:

Con la Independencia, el Perú como Estado, mantuvo la impronta clave del colonialismo español: la división legal entre indios y no indios[59]; se fundó una *República* Aristocrática, excluyendo a los indios. En ese lapso el indio, cronológicamente hablando desde 1821 hasta 1969,

---

[58] Lewin, Boleslao. *La Revelión de Túpac Amaru*, pp.478-479.
[59] Walker, Charles F. *De Tupac Amaru a Gamarra,...*p.235-247.

continuó como sujeto de explotación sempiterna de la oligarquía en todas sus formas; sometido a abusos, vejaciones y muertes impunes, comparables sólo con la de los animales de carga.

Aquella situación concluyó de súbito con la revolución militar de Juan Velasco Alvarado en 1968, quien mediante un Golpe de Estado se hizo del poder y como medidas trascendentales aplicó reformas estructurales; entre ellas, promulgó la ley de Reforma Agraria, devolviendo la propiedad de las tierras rurales a sus legítimos dueños: los indios. Es más, modificó sustancialmente las funciones básicas del Estado peruano, haciendo que éste sirva al pueblo y no sólo a las elites; acompañó con medidas de política igualmente revolucionarias, que estremecieron las bases de una sociedad feudal, caracterizada por inmensas y profundas desigualdades sociales y económicas. Esta voluntad evidente de cambio, que emergía de un estamento social secularmente al servicio del Estado de élites, convenció a las mayorías peruanas marginadas del campo y la ciudad que hicieron suyas la revolución militar. Sin embargo, esta situación resultó efímera; el General Francisco Morales Bermúdez, miembro de aquella Junta Militar, en contubernio con los grupos de poder económico y partidos políticos tradicionales (derechas e izquierdas), desplazados por el impacto de las reformas estructurales que se operaban en el país, en agosto de 1975, dio el golpe de Estado a Velasco Alvarado y desactivó la revolución nacionalista.

1.3. **Injerencia del neoliberalismo.**

Este viraje significó un cambio sustancial en la política global del Estado. Se crearon las bases para la injerencia del neoliberalismo al Perú. Es decir: i) Una nueva Constitución Política, ii) Retorno al sistema democrático formal con sus tradicionales partidos políticos que, por más de una década de inactividad, habían perdido la lectura de la nueva realidad del Perú y iii) Desactivación de las políticas del gobierno revolucionario que colisionaban con el neoliberalismo en gestación.

En tales condiciones, el arquitecto Fernando Belaunde Terry gana las elecciones y al retornar al poder en 1980, soslayó aquello cuánto se había avanzado en los 12 años del gobierno militar. En otras palabras, subestimó los cambios sustanciales que se habían operado en la sociedad peruana. Con esa seguridad, reemprendió las acciones pendientes de su primer gobierno; resarció las pérdidas a los grupos de poder económico, afectados con las reformas de Velasco Alvarado; reacomodó la estructura del Estado, en función a los intereses de la plutocracia y continuó con la desactivación de las reformas estructurales que Morales Bermúdez había dejado iniciado.

Si aquello sucedía en las alturas del poder, la realidad es que la sociedad peruana hasta ese entonces, era diametralmente distinta a ésta que el Arquitecto Fernando Belaúnde Terry y su entorno, conocían y gobernaban desde Lima. Dicho en otras palabras, las transformaciones estructurales aplicadas por Velasco Alvarado, no sólo habían cambiado las aparentes relaciones sociales de producción semi-feudales en las poblaciones secularmente marginadas de la serranía y de la costa, sino que mostraban signos evidentes de ascenso social[60] y cambio cualitativo en la conducta política de aquellas poblaciones. Las expectativas de cambio y ascenso socio-económico y político tenían horizonte, y avanzaban hacia la democracia social de participación plena, que en la práctica se aproximaba más a sus intereses políticos. Pero el retorno

---

[60] Vease: Spalding, Karen. *De Indio a Campesino*. Lima: Instituto de Estudios Peruanos, 1974.

131

de la democracia representativa de la oligarquía y sus inicuos partidos políticos, no sólo truncó ese proyecto de vida que las poblaciones rural andinas, Indígenas y criollas empobrecidas y costeñas, habían aspirado, sino que, creó un profundo resentimiento frente al remozado sistema político imperante.

1.4. **Retrospectiva de la impronta política (francesa y sajona) de la república del Perú.**

Para entender esta percepción concluyente, basta una lectura sin apegos ideológicos de cuanto aconteció en los cerca de dos siglos de República que tenemos. Y ésta, no precisamente empezó con un pueblo peruano que dejando atrás sus discrepancias internas buscó su liberación; todo lo contrario, el advenimiento de la Independencia, fue gestada, promovida y ejecutada por dos corrientes políticas foráneas estructuradas en Europa: la francesa y la sajona[61]. La interrogante de rigor es: ¿Entonces, con qué objetivo y para quién vino esta Independencia? Obvia y exclusivamente para la población española, asentada por continuidad hereditaria o criolla en el Perú.

Para sintetizar el sustento, vayamos a los vientos de la independencia. Por una parte, el Libertador Simón Bolívar apareció desde Venezuela, encarnando la corriente francesa o Napoleónica. Al respecto, Salvador de Madariaga dice:"Su idea secreta sería esta: "En verdad - dice Bolívar- opino como Francia, pues aunque jamás hubo mayor abogado de los derechos y libertades de la humanidad que yo...he de confesar que este país no está en situación de que lo gobierne el pueblo, cosa que hay que convenir es en general mejor en teoría que en práctica. No hay país más libre que Inglaterra, bajo una monarquía

---

[61] Vease: Marx, Karl. Bolívar y Ponte: Artículo escrito en enero de 1858 y publicado en el tomo III de The New American Cyclopaedia.

bien regulada [...] De todos los países, Sudamérica es la menos apta para gobiernos republicanos. ¿En qué consiste su población sino en indios y negros más ignorantes que la vil raza de los españoles de la que acabamos de emanciparnos? Un país representado y gobernado por gente así tiene que ir a la ruina. Tenemos que acudir en auxilio a Inglaterra [...] Puede usted decir que yo no he sido jamás enemigo de las monarquías en principio general; al contrario, las considero necesarias"[62]. Carrera Damas, por su parte hace notar la visión criolla despectiva frente al negro y al indígena de Simón Bolívar, recordando la carta de Jamaica, donde Bolívar responde a su propia pregunta ¿qué somos?: "No somos indios ni europeos, sino una especie media entre legítimos propietarios del país y los usurpadores españoles: en suma, siendo nosotros americanos por nacimiento y por nuestros derechos, europeos, tenemos que disputar éstos a los del país y que mantenemos en él contra la invasión de los invasores [...] Nosotros estábamos en un grado todavía más bajo de la servidumbre, y por lo mismo con más dificultad para elevamos al goce de la libertad"[63]. Esta es una sincera confesión del Libertador y es el marco conceptual del origen de los Estados criollos de América del sur. Por otro lado, la corriente sajona vino por el sur con el Libertador José de San Martín, siguiendo estrictamente lo establecido en el Plan que el militar *escocés* llamado Thomas Maitland, concibió y financió en Londres a principios de 1800[64].

---

[62] Madariaga, Salvador de: *Bolívar* (Vol II). Editorial Sarpe, Biblioteca de la historia. No 35, 1985, Madrid, p.259.

[63] Carrera Damas, Germán: *El dominador cautivo*. Editorial Grijalbo, Caracas, Venezuela, 1988, p. 156. y, Bolívar, Simón: *Cartas de Jamaica* (1815). *op.cit.* pp. 69-70.

[64] Véase: Terragno, Rodolfo H. *MAITLAND & SAN MARTÍN*. Buenos Aires: Universidad Nacional de Quilmes. Primera edición, 1998.

De modo que, con estos antecedentes, la República peruana jamás fue concebida en respuesta a una realidad concreta de un pueblo indígena, criollo empobrecido y sojuzgado por una monarquía holgazana que buscaba una liberación, sino, bajo intereses de una casta criolla que para preservar sus intereses coloniales se asió al proyecto de los libertadores. En tales condiciones, el discurso del Perú como república no podía ser diferente a la visión y el objetivo de sus libertadores y criollos nacionales. Para lograr que este proyecto político llegue a buen fin, los españoles criollos independentistas se autodefinieron como patriotas, y los realistas que no pudieron zarpar a "la madre patria" sin perder sus intereses y reminiscencias colonialistas, como conservadores.

Hasta que patriotas y conservadores, en la capitulación de Ayacucho, tomaron al Perú como botín de guerra y fundaron una República Aristocrática, instituyeron congresos y aprobaron constituciones políticas, emulando a Francia e Inglaterra. Y esta situación se trasmontará con la misma impronta colonial, hasta más o menos los años veinte del siglo pasado, caudillos militares y civiles, pensadores o ideólogos: liberales civilistas y unionistas, legisladores y ejecutivos, centralizados en la Lima de siempre, esta vez simularán un sistema democrático representativo exclusivo, pero de espaldas a la mayoría peruana de indígenas, mestizos, criollos empobrecidos y negros.

1.5. La revolución Bolchevique como referente de los proyectos políticos del Perú.

Desde aquella década en adelante, el referente europeo nuevamente como inexorable anatema, se apoderará de la mentalidad política peruana. Esta vez, el triunfo de la revolución Bolchevique embelesará a los liberales radicales de Lima y la "revolución proletaria" será el fin y la meta. Aparecerán líderes y partidos: José Carlos Mariátegui, creando el Partido Socialista Peruano (1928) y proponiendo un "socialismo sin calco ni copia"; Víctor Raúl Haya de la Torre creará su Alianza Popular Revolucionaria Americana (APRA) en 1930; y desde entonces serán conocidos como partidos de izquierda, pregonando en fábricas, cafetines y universidades, una revolución proletaria para la República Aristocrática[65], por supuesto, sin los indígenas como gestores de su desarrollo político. En tanto, la oligarquía conservadora, en salvaguarda de sus intereses ante un eventual ascenso de los primeros, se afianzará más en el poder con su partidocracia de derecha[66].

Ambas corrientes, izquierda y derecha, discurrirán bajo un mismo sentido: mantener un Estado constituido aristocrático y excluyente; en tanto las poblaciones indígenas, mestizas, criollas empobrecidas y negros principalmente del área rural, seguirán perviviendo excluidos y sumidos en la pobreza y la marginación histórica. A este respecto, Martín Tanaka dice: Tres grandes bloques políticos, herederos de las tres grandes tradiciones surgidas en los años veinte -el aprismo, el socialismo y el reformismo conservador-, se disputaron la hegemonía del país[67].

---

[65] Véase además en: INFORME DE LA COMISIÓN DE LA VERDAD Y LA RECONCILIACIÓN CVR. Capítulo 2; 2.4 Los Partidos de Izquierda.

[66] Pease García, Henry y Romero Sommer, Gonzalo. POLÍTICA EN EL PERÚ DEL SIGLO XX. Fondo Editorial de la PUCP, 2013. Lima.

[67] Véase en: Tanaka, Martín. LOS ESPEJISMOS DE LA DEMOCRACIA: El colapso del sistema de partidos en el Perú, 1980-1995, en perspectiva comparada, p. 17

1.6. **La revolución popular china como referente y la ordalía de sangre.**

Hasta que finalmente, ante la inoperancia secular del Estado constituido, más o menos a partir de los últimos 40 años del siglo XX, activado en algún momento, por las condiciones sociales, económicas y políticas deprimentes y las reformas de Velasco Alvarado y frustrados después por el golpe de Morales Bermúdez, más el retorno de la democracia representativa y la sucesión de las políticas neoliberales de Fernando Belaunde Terry y Alan García Pérez, otra vez, un segmento de la izquierda marxista, el Partido Comunista del Perú, Sendero Luminoso[68]; emulando a la revolución China de Mao Thse Tung, y un grupo criollo, pequeño burgués o Movimiento Revolucionario Tupac Amaru (MRTA), dejarán la urbe, inmerso en una creciente convulsión social y ocuparán compulsivamente el territorio rural- andino de los indígenas, mestizos y criollos empobrecidos. Y como corolario el 17 de mayo de 1980 desafiarán al Estado, quemando ánforas en el día de las elecciones generales, en la localidad de Chuschi-Ayacucho y se alzarán en armas.

Desde entonces, tanto el gobierno de Belaunde Terry, como los que después le sucedieron, que por una parte desconocían la realidad socio-económica de las poblaciones indígenas, campesinas mestizas y criollas del Ande donde se los subversivos habían izado su bandera de levantamiento, y por otra parte, consideraban a Sendero Luminoso como un movimiento regional gestado y afianzado al interior de las comunidades indígenas, asentamientos urbanos y áreas nucleadas campesinas de la

---

[68] DEGREGORI, CARLOS IVÁN, ¿Porqué apareció Sendero Luminoso en Ayacucho? El desarrollo de la educación y la generación del 69 en Ayacucho y Huanta. Lima, 1990 Primera edición.

sierra. En otras palabras, los estrategas militares que planearon la guerra antiterrorista, "entendían" que las poblaciones indígenas, campesinas y criollas asentadas en los distritos, comunidades campesinas, caseríos y aldeas rurales, eran miembros del Partido Comunista del Perú-Sendero Luminoso. Esta fatal ignorancia será el hilo conductor para una estrategia militar antisubversiva (guerra interna), basada en una represión focalizada y demarcada por el estado de emergencia y la implantación del comando político militar. Con esta seguridad, optaron como solución la ocupación de Ayacucho por las Fuerzas Armadas sobre Ayacucho. El primer jefe del comando político-militar de la zona de emergencia, fue el general del Ejército Peruano Roberto Clemente Noel, quien con algo de dos mil soldados del ejército, se posesionó de la zona en convulsión, con el objetivo de pacificarla, pero el impacto de la subversión siguió en ascenso e inmediatamente vino su cambio. Le sustituyó a éste un General indígena del Ejército Peruano, apurimeño de orígen, llamado Adrián Huamán Centeno, quien asumió la jefatura el 31 de diciembre de 1983. Al asumir y como conocedor de la realidad social y económica de sus compatriotas, empezó sus actividades tratando de solucionar los problemas latentes que aquejaban a los pobladores; pero la realidad sobre la que subyacía era distinta a la que le habían prometido. Al interior de su propio comando, cada arma a espaldas de su conducción militar, realizaba sus propias acciones antisubversivas y apenas sí, le informaban de los resultados, de cuya criminalidad se informará mucho después. Hasta que se convenció que la estrategia antisubversiva, ordenada por los altos mandos, partía de premisas falsas y no estaban destinadas a solucionar los problemas estructurales que aquejaban a aquellos pueblos. Finalmente, a sabiendas que esta decisión suya le acarrearía problemas personales, planteó sin ambages lo siguiente: "La solución no es militar, porque si fuera militar yo la resuelvo en minutos [...] si se tratara de matar, Ayacucho no existiría en media hora y Huancavelica tampoco [...] lo que pasa es que estamos hablando de seres humanos, de pueblos olvidados que han reclamado ciento sesenta años y nadie les ha hecho caso y ahora estamos cosechando ese resultado [...] la solución para mi es corregir la situación que existe, por decir, que la cárcel no esté llena de inocentes sin juicio, que los jueces no cobren coimas [...]. Lima quiere ser el Perú [...]. Si estamos con las mismas personas que dieron lugar a la subversión... ¿Acaso no están las mismas personas que abusaron, los mismos jueces, o sea los mismos que dieron lugar a todo esto? [...] La Fuerza Armada no está a cargo de la situación política. Solamente de la militar. Situación política significa que usted encuentra una injusticia y puede cambiar de inmediato a las autoridades.[69]

A esta caracterización que sobre el problema hizo el General Adrián Huamán Centeno en su oportunidad, viene al caso agregar una cómplice omisión que condujo al genocidio y ésta se resume así: Los subversivos (PCP-SL y el MRTA) para alzarse en armas (efectivos, cuarteles y logística) y desafiar al Estado, escogieron y ocuparon arbitrariamente, espacios territoriales donde los indígenas, campesinos, mestizos o criollos, desde tiempos inmemoriales en forma pacífica y sacrificada hacen patria; de modo análogo, las Fuerzas Policiales y Fuerzas Armadas, para controlar y derrotar a los alzados, ocuparon también el mismo espacio territorial con sus poblaciones presentes, dedicadas a sus actividades cotidianas. Y la ignominia se consumará al incorporar indistintamente a sus inocentes habitantes a coparticipar de aquella guerra, como actores en ambos bandos, sin saber por qué y para

---

[69] Véase en: INFORME DE LA COMISIÓN DE LA VERDAD Y LA RECONCILIACIÓN CVR. Capítulo 2; Los actores políticos e institucionales. P. 23.

qué. En este escenario, al colisionar las dos opciones en pugna, especializadas en guerra; las poblaciones indígenas, mestizas y criollas del campo, indefensas e inocentes, fueron asesinadas, desaparecidas y enterradas en fosa comunes, enjuiciados por terrorismo hasta la siguiente generación. En suma, fueron víctimas del "fuego cruzado" de una guerra que nunca fue de ellos. De modo que aquella convulsión social, que costó miles de vidas humanas y sufrimiento de pueblos indígenas, mestizos y criollos empobrecidos del Perú, nunca fue factura de ellos; sino del aventurerismo criminal de una opción política que creyó que el problema del Perú se solucionaría calcando recetas foráneas y, por otra parte, del descuido e indiferencia del Estado criollo, abusivo, corrupto y racista encubados en cerca de 200 años de oprobio y holgura colonial y republicana.

Esta es más o menos, desde mi punto de vista, la síntesis de aquella desesperada guerra interna que aparejada de violencia, ordalía de sangre, atropello de los derechos humanos e impunidad, la más espantosa que se produjo en toda la historia republicana del Perú.

1.7. Evaluando los costos de la aventura senderista y la secular indiferencia del Estado.

Años después, tras una rigurosa evaluación de los resultados de este luctuoso y deprimente hecho, la Comisión de la Verdad y la Reconciliación (CVR), estima que la cifra más probable de víctimas fatales de la violencia es de 69,280 personas. Estas cifras superan el número de pérdidas humanas sufridas por el Perú en todas las guerras externas y guerras civiles ocurridas en sus 182 años de vida independiente. De la totalidad de víctimas reportadas, el 79 por ciento vivía en zonas rurales y el 56 por ciento se ocupaba en actividades agropecuarias. Es más, la misma comisión afirma que del análisis de los testimonios recibidos, el 75 por ciento de las víctimas fatales del conflicto armado interno era quechuahablante o de otras lenguas nativas como idioma materno. Según el mismo informe, en el período del Partido Aprista Peruano, aquel que desde la década del treinta del siglo pasado transitó por vías políticas, se produjeron las agresiones más brutales contra los derechos humanos, entre las que se cita a la llamada "masacre de los penales" ocurridas los días 18 y 19 de junio de 1986 en las cárceles de Lurigancho y El Frontón. Además, la matanza de indígenas, mestizos y criollos empobrecidos de las comunidades de Cayara, Accomarca, Umaro y Huaychao. En suma la CVR ha registrado 8,173 muertes y desapariciones durante el gobierno del Partido Aprista Peruano; de las cuales, el 58 por ciento fue ocasionada por las organizaciones subversivas y el 30 por ciento por las fuerzas de seguridad del Estado. Es más, la CVR sindica que en aquel período gubernativo muchísimos hechos se han ocultado o encubierto, es más, se han eludido señalamientos directos de responsabilidades que involucraban a efectivos militares, se toleraron muchos casos de impunidad como los de Cayara, Molinos y el de los Penales, como más adelante se demostrará. En suma, el Partido Aprista desoyó, archivó o mediatizó las denuncias en contra de las violaciones de los derechos humanos que comprometían tanto al gobierno como al partido[70].

1.8. ¿Tras esta escalofriante experiencia el estado peruano cambió?

Finalmente, con las evidencias históricas y concretas expuestas en el curso de este trabajo, apoyadas con las conclusiones de la Comisión de la Verdad y la

---

[70] CONCLUSIONES GENERALES DEL INFORME FINAL DE LA CVR

Reconciliación CVR, se plantea la siguiente interrogante: De la sangrienta conflagración interna, la destrucción de redes sociales tradicionales gestadas en milenios: asesinatos masivos de dirigentes y personas indefensas, desapariciones, persecuciones, encarcelamientos, desplazamiento masivo de personas a urbes desconocidas, estigmatizaciones y discriminaciones raciales, desarraigo y empobrecimiento de cientos de miles de familias peruanas, ¿el actual Estado habrá aprendido y rectificado los males estructurales causantes de estas fracturas?.

En una sociedad que se supone civilizada y, "mayoritariamente católica", es natural y humano esperar del Estado, una mano paterna o fraterna, conciliadora y solidaria, que pueda restañar esas dolorosas y aún sangrantes heridas; sin embargo, el seguimiento y la percepción de las actitudes de quienes están obligados a asumir esta reconciliación, hasta hoy, hacen concluir que las respuestas a tal interrogante son igualmente dolorosas:

1. El actual Estado desde el año 2000 en adelante, parece entender que la guerra interna la ganaron a la población indígena, mestiza y criolla empobrecida y como tal, el castigo es el confinamiento histórico. Este entendimiento no sólo colisiona con las conclusiones asumidas por la Comisión de la Verdad y Reconciliación CVR, quien señaló como a los principales responsables de las muertes al PCP-SL, MRTA y al Estado peruano; sino también retrata en todas sus dimensiones la actitud irreflexiva, agresiva, despectiva, renuente a la autocrítica y al cambio de actitud del actual Estado criollo, frente a las poblaciones originarias, víctimas de esta guerra. Es decir, lo mismo de siempre, el del Virrey Francisco de Toledo, el de Areche, de Piérola, de Alan García y Alberto Fujimori, por citar a los personajes más conspicuos.

2. Si bien es cierto que los propulsores de aquellos proyectos políticos trasnochados, proponiéndose cambiar a su modo los desequilibrios estructurales en la sociedad peruana, ocasionaron el 58 por ciento de aquellas muertes; también es cierto que estos fueron derrotados, lo que significa que sus líderes y adherentes están asumiendo, como en toda guerra, los costos de la derrota y ahí están ahora, en las cárceles y mazmorras, purgando sus culpas y sus propuestas políticas, desvanecidas por la tempestad de la dura realidad.

3. Pero para las poblaciones indígenas, campesinas, mestizas y criollas empobrecidas del campo, pese al tiempo transcurrido, es cruel la lectura, siguen sumidos en la discriminación del racismo criollo de siempre: Exterminados sus habitantes o su capital social, sus líderes purgando en cárceles por culpas ajenas, su población sobreviviente, pululando en las urbes, buscando un pedazo de suelo dónde vivir, arañando y mostrando fosas comunes de sus desaparecidos exigiendo reparación y víctimas de la descomposición moral de un sistema político privado, centralista y corrompido, denominado democracia de uso privado, excluidos de sus más elementales derechos al trabajo, la alimentación, educación y la salud. En suma, víctimas de una guerra agresiva que no las buscaron. ¿O es que alguna vez buscaron como salvación de los males estructurales en tales alternativas criollas o foráneas? ¡Nunca! Hasta hoy siguen luchando por la transformación más humana del actual Estado, causante de todos sus males sociales, económicos y políticos. En suma, un Estado Incluyente, más coherente, viable y justa.

2. LAS HUELLAS DE IMPUNIDAD DEL PRIMER GOBIERNO DE ALAN GARCÍA PÉREZ

Respetado lector, los casos que en adelante habrá de conocer, no son el resultado de una morbosa ficción que un novelista imaginó para atrapar a sus lectores con hechos terroríficos que sucedieron en un país incivilizado igualmente imaginario. No; son hechos reales que han ocurrido en el Perú, durante el primer gobierno del ex - presidente de la república Dr. Alan García Pérez, cuando le cupo enfrentar a la subversivos de Sendero Luminoso y MRTA; y fue entonces cuando la Comisión Interamericana de Derechos Humanos (CIDH), en su afán de cuidar que en esta guerra interna no se violen los derechos humanos, ni se cometan actos criminales de *Lesa Humanidad* por ambas partes, hizo el esfuerzo de investigar los hechos, probar actos criminales, identificar responsables y recomendar al Estado peruano que sancione a los que cometieron y se reparen a los sobrevivientes afectados. Sin embargo, el Estado peruano, lejos de reconocer sus errores y emprender una política de reconciliación nacional, se ha mostrado renuente a reparar a los afectados y a sancionar a los responsables, quedando así hasta el momento impunes tales crímenes. Con esta advertencia, los casos que a continuación se detallan, solamente están referidos a crímenes que se han cometido, como está dicho atrás, durante el lapso de 1985 a 1990.

2.1. Informe 15/96 y sentencia del 16/08/2000: caso Nolberto Durand Ugarte y Gabriel Ugarte Rivera[71].

A las 6 a.m. del 18 de junio de 1986, los presos inculpados por terrorismo en los penales Santa Bárbara, Lurigancho y

---

[71] **Corte Interamericana de Derechos Humanos (CIDH);** Informe No. 15/96 del 5 de marzo de 1996: *CASO DURAND Y UGARTE*

El Frontón, denunciando la política antisubversiva y las severas condiciones de encarcelamiento del entonces primer período gubernativo de Alan García Pérez, tomaron como rehenes al personal de seguridad de dichos establecimientos. Frente a tal situación, el entonces presidente del Perú, convocó al Consejo de Ministros, al que asistió el jefe del Comando Conjunto de las Fuerzas Armadas; luego, un Decreto Supremo firmado por García Pérez declaró "Zona militar restringida" los tres penales. A las 3 p.m. del 19 de junio de 1986, empezó la matanza de presos de Sendero Luminoso en las cárceles de El Frontón, San Juan de Lurigancho y Santa Bárbara: 247 reos en total. En El Frontón, el Pabellón Azul fue bombardeado y 118 (ciento dieciocho) prisioneros resultaron muertos. En Lurigancho, aproximadamente unos 100 sublevados rendidos resultaron ejecutados sumariamente. Los cadáveres fueron enterrados en fosas comunes.

El 27 de abril de 1987, se presentó la denuncia ante la Comisión Interamericana de Derechos Humanos (CIDH). Esta entidad, el 19 de mayo de 1987, solicitó al estado peruano la información relativa al agotamiento de las vías jurídicas internas sobre la mascare de los penales; la consulta no fue respondida por el gobierno aprista. El 8 de junio de 1988 la CIDH reiteró su pedido, pero tampoco fue respondida. El 23 de febrero de 1989 la CIDH insistió en el pedido de información. Al no haber respuesta, el 31 de mayo de 1989 los denunciantes solicitaron a la CIDH, planteando que los hechos denunciados se consideraran como aceptados. Ante tal circunstancia, el 29 de setiembre de 1989, el Estado peruano presentó un escrito en el que señala que el caso, motivo de la denuncia, se encontraba en proceso judicial. El 7 de junio de 1990, por quinta vez, el organismo supranacional solicitó información sobre el agotamiento de los recursos internos.

El 5 de marzo de 1996, la Comisión Interamericana de Derechos Humanos, aprobó el informe 15 / 96 y declaró que el Estado peruano era responsable de la violación, en perjuicio de Gabriel Ugarte Rivera y de Norberto Durand Ugarte del derecho a la libertad personal, a la vida y a una efectiva protección judicial.

El 16 de agosto del 2000, la Corte de San José de Costa Rica sentenció por unanimidad al Estado peruano por haber violado los Derechos Humanos en la debelación del motín de los presos de El Frontón[72].

 El Tribunal Constitucional, al no pronunciarse claramente sobre la prescripción del genocidio de 118 reclusos del penal El Frontón (se estima 129 presos ejecutados en los penales de Santa Bárbara el Lurigancho que en total suman 247 aniquilados), originó que, a mediados de febrero del 2009, el Juez Supraprovincial Omar Pimentel dejara fuera de este proceso al marino Teodorico Bernabé Montoya, quien obtuvo un Hábeas Corpus que declara prescritos los cargos en su contra. Con esta sentencia se dejaba jurisprudencia para exculpar a Alan García Pérez, Luis Giampietri, Agustín Mantilla y otros altos mandos de la Marina.

El 14 de agosto del 2007, la Tercera Sala Penal declaró prescrito el proceso de aniquilamiento en el penal El Frontón, al acoger el Hábeas Corpus del marino Teodorico Bernabé Montoya, procesado por estos hechos. El vocal dirimente Malson Urbina se sumó a la resolución de los vocales Jorge Egoavil y Nancy Ávila, resolución que señala que el aniquilamiento del penal El Frontón, no podía ser

---

[72] Corte Interamericana de Derechos Humanos (CIDH); *CASO DURAND Y UGARTE,* Sentencia de 16 de agosto de 2000.

145

considerado crimen de Lesa Humanidad; por lo tanto, declaraban prescrita la acción penal.

El 11 de setiembre del 2007, el abogado Carlos Rivera Paz presentó ante la Corte Interamericana de Derechos Humanos (CIDH) observaciones sobre la forma en que el proceso de El Frontón se desarrollaba en la justicia peruana. Cuestionaba que en febrero del 2007, la Tercera Fiscalía Suprema de Lima archivara el caso liberando de responsabilidad a los presuntos autores mediatos: Alan García Pérez, el Vicepresidente, Luís Giampietri, el ex viceministro del Interior, Agustín Mantilla y otros altos mandos de la marina.

El 8 de octubre del 2007, cuando la Comisión Interamericana de Derechos Humanos (CIDH) pidió al Estado peruano que prosiga las investigaciones y sancione a los responsables de la matanza el penal El Frontón, no solamente se refiere a los marinos que presuntamente consumaron el hecho en junio de 1986, sino al mismo Alan García Pérez, a quien la justicia peruana comprendió en la investigación como uno de los posibles autores intelectuales.

En febrero del 2009 la Corte Interamericana de Derechos Humanos, con sede en Costa Rica, pidió al Estado peruano una explicación sobre el Hábeas Corpus que prescribe los cargos en contra del marino Teodorico Bernabé Montoya, sabiendo que los delitos de lesa humanidad no prescriben. Los familiares de las víctimas y los sobrevivientes denunciaron el hecho ante la Corte Interamericana de Derechos Humanos y la Oficina de Control de la Magistratura (OCMA).

2.2. Extracto del caso Neira Alegría y otros: Sentencia del 19 de enero de 1995[73].

2.2.1. Síntesis de los hechos.

El 18 de junio de 1986 Víctor Neira Alegría, Edgar Zenteno Escobar y William Zenteno Escobar se encontraban detenidos en el establecimiento penal San Juan Bautista, conocido como "El Frontón", en calidad de procesados, como presuntos autores del delito de terrorismo. Como consecuencia del amotinamiento producido en ese penal en la fecha indicada, mediante Decreto Supremo N° 006-86 JUS, el Gobierno delegó en el Comando Conjunto de las Fuerzas Armadas el control de los penales y, por lo tanto, el Penal San Juan Bautista quedó incluido en las llamadas "Zonas Militares Restringidas". Desde la fecha en que las Fuerzas Armadas procedieron a debelar los motines, estas personas han desaparecido.

2.2.2. Actuación de la Comisión Interamericana de Derechos Humanos.

La Comisión Interamericana de Derechos Humanos recibió la denuncia el 31 de agosto de 1987. El 8 de septiembre de 1987 acusó recibo de la denuncia y solicitó la información correspondiente al Gobierno peruano. Ante la falta de respuesta reiteró el pedido en cuatro oportunidades, bajo apercibimiento. El 26 de junio de 1989 el Gobierno le remitió una respuesta colectiva sobre varios casos en trámite ante ella, y el 20 de julio del mismo año la Comisión dio traslado al reclamante de esta información. El 13 de septiembre de 1989 el reclamante presentó sus observaciones a la respuesta del Gobierno e informó a la Comisión que "*ante el Fuero*

---

[73] Corte Interamericana de Derechos Humanos(CIDH): Caso Neira Alegría y otros: Sentencia del 19 de enero de 1995

Privativo de Justicia Militar existe un proceso judicial sobre los hechos acaecidos en el Penal 'San Juan Bautista' (El Frontón), proceso al [que el peticionario alega haberle sido] *negado acceso".*

El 29 de septiembre de 1989 el Gobierno peruano comunicó a la Comisión que el caso se encontraba en proceso judicial, ante el Fuero Privativo Militar, por lo que no se había agotado *"la jurisdicción interna del Estado"* y que *"sería conveniente que la CIDH aguarde la culminación de la misma antes de pronunciarse de manera definitiva"* sobre el mismo.

La Comisión examinó el caso y aprobó la resolución 43/90 del 7 de junio de 1990, cuya parte dispositiva dice lo siguiente:

1. Declarar la admisibilidad de la denuncia base del presente caso.

2. Declarar inapropiada una solución amistosa al presente caso.

3. Declarar que el Gobierno del Perú no ha cumplido, con las obligaciones de respeto de los derechos humanos y garantía impuestas por la Convención.

4. Declarar que el Gobierno del Perú ha violado el derecho a la vida reconocido por las normas pertinentes de la Convención Americana sobre Derechos Humanos, en ocasión de los hechos ocurridos en el Penal San Juan Bautista de Lima, el 18 de junio de 1986 que condujeron a la desaparición de los señores Víctor Neira Alegría, Edgar Zenteno Escobar y William Zenteno Escobar.

5. Formular al Gobierno del Perú las siguientes recomendaciones:

a. Dé cumplimiento a los artículos 1 y 2 de la Convención adoptando un recurso efectivo que garantice plenamente los derechos fundamentales, en los casos de desaparición forzada o involuntaria de personas;

b. Realice una exhaustiva, rápida e imparcial investigación sobre los hechos denunciados, a fin de identificar a los responsables y someterlos a la justicia para que reciban las sanciones que tan grave conducta exige; y determine la situación de las personas cuya desaparición ha sido denunciada;

c. Adopte las medidas necesarias para evitar la comisión de hechos similares en lo sucesivo;

d. Repare las consecuencias de la situación que ha configurado la vulneración de los derechos antes enunciados y pague una justa indemnización a la parte o partes lesionadas.

6. Transmitir el presente informe al Gobierno del Perú para que éste se pronuncie sobre las medidas adoptadas para solucionar la situación denunciada, dentro del plazo de 90 días contados a partir de la fecha de remisión.

7. Someter el presente caso a la jurisdicción de la Corte Interamericana de Derechos Humanos, a menos que el Gobierno del Perú solucione el asunto dentro de los tres meses señalados en el párrafo anterior.

8. El 11 de junio de 1990 la Comisión notificó la resolución al Gobierno y le informó que el plazo fijado surtía efecto a partir de esa fecha.

9. El 14 de agosto de 1990 el Gobierno solicitó una prórroga de 30 días, a fin de dar cumplimiento a las

recomendaciones. La Comisión le concedió la prórroga solicitada a partir del 11 de septiembre de 1990.

10. El 24 de septiembre de 1990 el Gobierno informó a la Comisión, entre otras cosas, que el agotamiento de los recursos internos se había producido el 14 de enero de 1987, fecha en que se publicó en el Diario Oficial "El Peruano" la decisión del Tribunal de Garantías Constitucionales que rechazó la casación en el recurso de hábeas corpus (*infra* párr. 40). El Gobierno concluyó que la resolución 43/90 de la Comisión debía declararse "insubsistente".

11. La Comisión analizó la nota del Gobierno en su 78º período de sesiones y confirmó la decisión de someter el caso a consideración de la Corte, por unanimidad, con estas precisiones:

> 1.- Declara que el Perú ha violado en perjuicio de Víctor Neira Alegría, Edgar Zenteno Escobar y William Zenteno Escobar el derecho a la vida, reconocido por el artículo 4.1 de la Convención Americana sobre Derechos Humanos, en conexión con el artículo 1.1 de la misma.
>
> 2. Declara que el Perú ha violado, en perjuicio de las tres personas indicadas, el derecho de hábeas corpus establecido por el artículo 7.6 en conexión con la prohibición del artículo 27.2 de la Convención Americana sobre Derechos Humanos.
>
> 3. Decide que el Perú está obligado a pagar a los familiares de las víctimas, de conformidad con este proceso, una justa indemnización compensatoria y a reembolsarles los gastos que pudieron efectuar en sus gestiones ante las autoridades nacionales.

4. Decide que la forma y cuantía de la indemnización y el reembolso de los gastos serán fijados por el Perú y la Comisión, de común acuerdo, dentro de un plazo de seis meses contados a partir de la notificación de esta sentencia.

5. Se reserva la facultad de revisar y aprobar el acuerdo y, en caso de no llegarse a él, la Corte determinará el monto de la indemnización y de los gastos, para lo cual deja abierto el procedimiento.

2.3 Extracto de la demanda e informes sobre la matanza de Cayara[74].

Por considerarlo un tema de interés general, en su 83° período ordinario de sesiones, la Comisión resolvió publicar la demanda junto con el Informe N° 29/91, así como la respuesta del Gobierno del Perú al referido informe [de 26 de agosto del mismo año] que figuran como anexos a la demanda interpuesta por la Comisión.

2.3.1. Síntesis general de los hechos.

El día 13 de mayo de 1988, alrededor de las 21:00 horas, en las cercanías del paraje denominado Erusco, un convoy del Ejército del Perú fue emboscado por un grupo armado perteneciente al Partido Comunista del Perú -también conocido como Sendero Luminoso- resultando muertos cuatro efectivos militares y heridos 14 de ellos. En la fecha que se inician los hechos materia de este caso, el Jefe del Comando Político-Militar era el General de Brigada José

---

[74] CIDH: DEMANDA DE LA COMISIÓN INTERAMERICANA DE DERECHOS HUMANOS CONTRA EL ESTADO DEL PERÚ: Por hechos ocurridos a partir del 14 de mayo de 1988 en el distrito de CAYARA

Valdivia Dueñas, quien fuera ascendido a General de División en diciembre de 1990.

El siguiente día 14 de mayo, los efectivos militares iniciaron un conjunto de acciones en el distrito de Cayara, que dan como resultado 33 personas ejecutadas arbitrariamente, 7 desaparecidos, al menos 6 personas torturadas que sobrevivieron y daños a la propiedad pública y privada. Todo ello, en el lapso que va desde el 14 de mayo de 1988 hasta el 8 de septiembre de 1989. Al ejecutar las violaciones mencionadas, los efectivos militares obraron con el propósito de tomar represalias – dirigidas hacia una población considerada por los militares como terrorista- y de eliminar a las personas incluidas en una carta enviada por un informante anónimo a un oficial del Ejército de la zona. Algunas de las personas mencionadas en la carta fueron asesinadas el día 14 de mayo, otras fueron detenidas y luego muertas el 18 de mayo siguiente, otras fueron detenidas y desaparecidas el 29 de junio de ese mismo año, y otra ejecutada sumariamente el 14 de diciembre. Varias personas de esa lista sufrieron daños y saqueos a su propiedad. Junto a las personas incluidas en la lista mencionada, los efectivos militares procedieron a ejecutar arbitrariamente a otras personas de la población, mientras otras eran desaparecidas. También torturaron a un número no determinado de personas, a fin de obtener información sobre las acciones del grupo subversivo.

Los autores de estos hechos ejecutaron acciones, asimismo, con el objeto de encubrir la verdad. Las presiones fueron dirigidas a obtener el cambio de los testimonios de los testigos y a la eliminación física de quienes no lo hicieron. Así, el 8 de septiembre de 1989 tuvo lugar la última ejecución de una importante testigo. Las acciones también tuvieron por propósito borrar las huellas de sus actos, lo cual incluyó, entre otros hechos, lavar las manchas de sangre en la iglesia y hacer desaparecer los cadáveres de las víctimas, la gran mayoría de las cuales no ha sido localizada hasta la fecha. Sus acciones se encaminaron también a inhibir las diligencias de los órganos del Estado peruano, que intentaban establecer la verdad y, a medida que el caso ganaba notoriedad, a obtener versiones de órganos del Estado peruano que fueran coincidentes con las versiones divulgadas por el Ejército.

Como resultado de todas estas acciones, la Fiscalía de la Nación no ha concretado cargos contra los autores de los hechos, pese a que el Fiscal Superior Comisionado hizo entrega oficial del Informe elaborado como resultado de sus investigaciones, sindicando como principal responsable de estos hechos al Jefe del Comando Político-Militar de Ayacucho. La Comisión Gubernamental – conocida también como Comisión de Notables- instituida por el Poder Ejecutivo, tampoco llegó a conclusiones claras respecto a la responsabilidad de estos hechos. Cabe señalar también que el dictamen de mayoría de la Comisión Investigadora del Senado concuerda en su versión con la del Ejército, mientras que dos dictámenes en minoría asignan responsabilidad a éste. El Fuero Privativo Militar, por su parte, tampoco ha señalado responsabilidades, y sobreseyó la causa respectiva. Todos estos hechos no podrían haber tenido lugar sin el concurso de los más altos niveles de decisión dentro del Estado peruano. Tales sucesos, además, tienen como antecedentes otras matanzas efectuadas por las fuerzas de seguridad, por lo que el Perú tiene elevadas cifras sobre la práctica de desaparición forzada de personas.

2.3.2. Síntesis de hechos específicos.

<u>Muerte y posterior desaparición de Esteban Asto Bautista</u>
El día 14 de mayo de 1988, el Ejército tomó control total de la zona y alrededor de 80 de sus efectivos organizados, en siete patrullas, ingresaron al distrito de Cayara, provincia de Víctor Fajardo, departamento de Ayacucho.

A la entrada del pueblo, en el paraje denominado Alpajulo, procedieron a ejecutar arbitrariamente a Esteban Asto Bautista. En la noche de ese día, los militares regresaron a buscar el cadáver de la víctima y lo sustrajeron.

<u>Los Daños Materiales</u>
Los soldados ingresaron luego al pueblo donde dañaron la posta médica, el local del Consejo Municipal y la escuela. Asimismo, saquearon y dañaron bodegas y otros inmuebles particulares. Algunos de los daños y robos ocurrieron contra bienes muebles e inmuebles de personas que aparecían en una "lista de subversivos" que poseía el Ejército, cuya existencia fue reconocida por éste y fue publicada posteriormente por la prensa. Algunos de los damnificados fueron buscados públicamente por el Ejército y resultaron asesinados, sea el mismo día o en fechas ulteriores. Para ubicar las viviendas y luego identificar a las personas incluidas en la lista, los soldados obligaron a Marcial Crisóstomo de la Cruz que los acompañara.

<u>Las Muertes en la Iglesia de Cayara</u>
Los soldados se dirigieron también ese 14 de mayo, en la mañana, a la iglesia de Cayara donde se estaba terminando de celebrar la Fiesta Patronal de la Virgen de Fátima; obligaron a salir a la plaza a quienes estaban en ella y congregaron a otras numerosas personas. Procedieron luego a separar a las mujeres y niños de cinco hombres, a los que hicieron entrar a la iglesia. Las mujeres y los niños

escucharon sus gritos como si los estuvieran torturando. Los hombres quedaron encerrados durante la noche, mientras los militares cercaban la iglesia y no permitían acercarse ni entrar a ella a los familiares y pobladores.

Los militares asesinaron dentro de la iglesia a los siguientes lugareños:

1. Emilio Berrocal Crisóstomo,
2. Patricio Ccayo Cahuaymi,
3. Teodosio Noa Pariona,
4. Indalecio Palomino Tueros y
5. Santiago Tello Crisóstomo.

Procedieron luego a trasladar los cadáveres, durante la noche. En los días siguientes procedieron a lavar el piso de la iglesia con aceite de comer y tierra, para borrar las huellas de sangre.

Los cadáveres de las víctimas fueron posteriormente encontrados por sus familiares en Quinsahuaycco y procedieron a enterrarlos. El 30 de mayo se intentó realizar la diligencia de exhumación y levantamiento de cadáveres, encontrándose las fosas vacías, pero aún tenían restos de cabellos y piel humana que, según el examen criminalístico efectuado por la Policía, databan de la época en que ocurrieron los sucesos.

<u>Las Muertes y Desapariciones en Qhechuaypampa, acciones de obstaculización de diligencias y de encubrimiento.</u>
Algunas patrullas militares continuaron su camino en la tarde del 14 de mayo y llegaron a Qheshuaypampa, paraje situado a una hora y media de camino a pie desde Cayara, donde detuvieron a un grupo de campesinos que regresaban de Ccechua de efectuar las labores de cosecha

propias de la época. Los militares apartaron a las mujeres y niños de los hombres y comenzaron a torturar a éstos con gran ensañamiento, interrogándolos sobre la emboscada del día anterior. Cortaron pencas y las colocaron sobre las espaldas de los campesinos, mientras éstos permanecían echados boca abajo, pisándolos y golpeándolos. Luego les dieron muerte con sus instrumentos de labranza, con hachas, martillos, cuchillos, segaderas y machetes. A quienes no murieron en el acto, los remataron con tiros de gracia. A medida que los iban matando los iban "amontonando como carneros en la parte baja de un árbol de molle" (Según Testimonio de Fernandina Palomino). Todos estos hechos ocurrieron en presencia de las mujeres y niños. Debe mencionarse que algunos de los torturados sobrevivieron, como fue el caso del menor Ciro Ccayo Huayanay. Los muertos como consecuencia de estas acciones fueron enterrados en por lo menos cinco fosas, de donde los soldados sustrajeron sus cadáveres. Las personas asesinadas en estas acciones son:

1. David Ccayo Cahuaymi (62)
2. Solano Ccayo Noa (29)
3. José Ccayo Rivera (56)
4. Alejandro Chocña Oré (58)
5. Artemio González Palomino (45)
6. Alfonso Huayanay Bautista (18, estudiante)
7. Ignacio Ipurre Suárez (55)
8. Eustaquio Oré Palomino (17, estudiante)
9. Zacarías Palomino Bautista (58)
10. Aurelio Palomino Chocña (38)
11. Fidel Teodosio Palomino Suárez (62)
12. Félix Quispe Palomino (48)
13. Dionisio Suárez Palomino (42)
14. Prudencio Sulca Huayta (58)
15. Emiliano Sulca Oré (32)
16. Zozimo Graciano Taquiri Yanqui (40)

17. Teodosio Valenzuela Rivera (60)
18. Ignacio Tarqui Ccayo (50)
19. Hermenegildo Apari Tello
20. Indalecio Palomino Ipurre
21. Patricio Ccayo Palomino
22. Ildefonso Hinostroza Bautista (20)
23. Prudencio Palomino Ccayo (55)
24. Félix Crisóstomo García

Algunos de los torturados que sobrevivieron fueron:
1. Ciro Ccayo Huayanay
2. Teófilo Crisóstomo García
3. Néstor Valenzuela Palomino

En la noche del 14 de mayo de 1988, Valeriana Ipurre Marcatoma de Apari, que vive cerca a Qheschuaypampa, recibió en su casa a Magdaleno Gutiérrez quien llegó quejándose de un fuerte dolor en la cabeza indicando que le habían disparado. Junto con su madre, Segundina Marcatoma Suárez viuda de Ipurre, de 80 años, atendieron a Gutiérrez sin encender la luz por temor a los militares, ya que ambas habían visto lo que había pasado en Qheshuaypampa. A las cinco o seis de la madrugada llegaron efectivos del Ejército y obligaron a Valeria Ipurre a salir de la casa con sus hijos, quedando en la misma su madre y Magdaleno Gutiérrez. Según testimonio de Valeria Ipurre, ella envió a su niño a ver qué pasaba, viendo el primer día a su abuela y al señor Gutiérrez, pero al segundo día ya no los encontró, estando desaparecidos hasta la fecha.

El día 20 de mayo de 1988, el Juez Provincial de Cangallo, doctor Simón Palomino Vargas, realizó una inspección ocular en Cayara y, a partir de las indicaciones de los familiares sobre la existencia de cadáveres en Qheschuaypampa, intentó llegar a ese lugar, pero debió suspender la diligencia a raíz de los disparos que escuchó la comitiva, provenientes de un cerro cercano y porque el personal militar que los acompañaba manifestó que no seguirían avanzando.

El día 21 de mayo se intentó una nueva diligencia de exhumación en Qheschuaypampa, pero un control militar en Huancapi, comandado por el "Mayor Yauyos", impidió el paso del personal técnico que acompañaba al Juez, frustrándose nuevamente la diligencia.

El día 25 de mayo siguiente, los militares ordenaron a la población no salir de sus casas, cargaron en caballos los cadáveres que estaban en Qheschuaypampa y los llevaron en dirección a Hualla. El 27 de mayo de 1988, el Juez de Cangallo, doctor César Carlos Amado Salazar, realizó una diligencia de exhumación y levantamiento de cadáveres, en el curso de la cual constató la existencia de cinco fosas vacías, pero aún con fuerte olor a cadáveres y la presencia de restos que fueron analizados por los laboratorios de medicina forense, constatando que se trataba de restos humanos.

El 11 de junio siguiente, a solicitud del Fiscal Superior Comisionado, el Juez de Cangallo realizó una inspección ocular sobre el retiro de los cadáveres denunciado por varios testigos, descubriendo en el sendero indicado, a aproximadamente un metro de altura y enredados en las plantas que bordeaban el camino, huellas de pelo y piel humana, evidencia que concordaba con lo manifestado por los testigos de que los cadáveres habían sido retirados a lomo de bestia.

Torturados en el Consejo Distrital de Cayara
En la noche del 14 de mayo de 1988, los soldados detuvieron a Indalecio Palomino De la cruz, César De la

cruz Ipurre, Avelino Tarqui Quiape, Domitila Esquivel Fernández y Benedicta María Valenzuela Ccayo, esta última con su menor hijo. Los mencionados fueron conducidos al local del Consejo Distrital de Cayara, donde se encontraban unos 15 soldados que procedieron a torturarlos durante toda la noche, interrogándolos sobre la emboscada del día anterior y sobre sus presuntas vinculaciones con grupos subversivos. Las torturas consistieron en golpes, quemaduras y lesiones con alicates. Cuatro de ellos fueron liberados al día siguiente; Indalecio Palomino lo fue el día 16 de mayo.

Arrestos y Posterior Muerte de Alejandro Echeccaya Villagaray, Samuel García Palomino y Jovita García Suárez
El 18 de mayo, en horas de la mañana, llegó a Cayara el General José Valdivia Dueñas y ordenó a los pobladores reunirse en el campo deportivo, lugar donde aterrizaron los helicópteros. Alrededor del mediodía, leyó una lista de nombres pidiendo que se presentaran dichas personas por considerárselas subversivas. Esa lista coincidía con los nombres incluidos en la referida carta en poder del Ejército, en la que un poblador anónimo informaba el nombre de supuestos subversivos, excepto en lo referido a Dionisio Suárez Palomino y José Ccayo Rivera, que habían sido muertos el 14 de mayo en Qheschuaypampa. Muchas personas objetaron frente al General Valdivia que los nombrados fueran subversivos. En ese momento no fue ubicado ninguno de los nombrados por el General Valdivia, quien luego se retiró en helicóptero, dejando instalada una base militar permanente en el local de la escuela de Cayara.

Alrededor de las tres de la tarde del día 18, llegó otra patrulla del Ejército, a cargo de un oficial vestido con pantalón de mezclilla con pasamontañas de color negro, cabellos rubios y tez colorada −y luego que fuera

159

fotografiado- comenzó a buscar a los nombrados por el General Valdivia. Esta patrulla detuvo el 18 de mayo, en Erusco, a Samuel García Palomino y a Jovita García, de los cuales el primero estaba en al lista. Los nombrados fueron llevados detenidos al local de la escuela de Erusco, en presencia de numerosos vecinos de esa localidad. En la escuela había otros treinta detenidos. El día 19 de mayo fue detenido Alejandro Echeccaya Villagaray, quien también estaba en la lista de la carta anónima.

El día 20 de mayo, seis soldados llevaron a Jovita García a su casa, donde fue vista por su pariente Zózima García, a quien los soldados sacaron de la casa mientras efectuaban un registro. Luego liberaron a Jovita García, reteniendo sus documentos. Esa noche volvieron los militares a buscar a Jovita García, en la casa de su tía Lucía Bautista Sulca. La sacaron de allí y la detuvieron nuevamente llevándosela junto con Echeccaya y García Palomino. Al llegar a Yarccapampa, la patrulla militar y los detenidos pernoctaron en casa del campesino Julio Torres. Quince días después, las esposas de los detenidos, Delfina Pariona Palomino y Juana Apari Oré encontraron prendas de vestir e indicios de la existencia de una fosa en el cerro Pucutuccasa. Atemorizados, regresaron un mes después, verificando que allí estaban los cadáveres. Según todas las evidencias, los detenidos fueron ejecutados.

El cadáver de Jovita García fue exhumado y reconocido por sus hermanos Flavia y Justiniano García Suárez el 10 de agosto de 1988 en diligencia practicada por el Fiscal Escobar. En la misma diligencia, Justiniano García reconoció los cadáveres de Alejandro Echeccaya y Samuel García Palomino y se comprobó la existencia de un cuarto cadáver que nadie pudo identificar. El Fiscal Superior Comisionado obtuvo las impresiones digitales del cadáver de Samuel García Palomino. Por falta de medios, sólo el cadáver de Jovita García fue trasladado al hospital de Cangallo, donde se le practicó una autopsia y fue reconocido como tal por su sobrina Martha Crisóstomo García. El senador Carlos Enrique Melgar solicitó una nueva exhumación del cadáver de Jovita García, diligencia que debía llevarse a cabo el 9 de noviembre de 1988 y que no fue así, pues el cadáver desapareció del cementerio de Cangallo antes de que la misma tuviera lugar. El 19 de agosto de 1988, el Fiscal Superior Comisionado consiguió finalmente realizar una nueva diligencia a fin de exhumar los tres cadáveres encontrados en el cerro Pucutuccasa, en presencia de la Comisión Investigadora del Senado, comprobándose que los tres cuerpos habían desaparecido.

Desaparición de Guzmán Bautista Palomino, Gregorio Ipurre Ramos, Humberto Ipurre Bautista, Benigna Palomino de Ipurre y Catalina Ramos Palomino

El 29 de junio de 1988, en horas de la noche, miembros uniformados del Ejército arrestaron en sus casas de Cayara a Guzmán Bautista Palomino, Gregorio Ipurre Ramos, Humberto Ipurre Bautista, Benigna Palomino de Ipurre y Catalina Ramos Palomino, a quienes condujeron en un camión del Ejército a la base que se había instalado en Cayara. Los dos primeros estaban incluidos en la lista de la carta anónima y que fuera leída por el General Valdivia. Además, ellos eran testigos importantes de los sucesos de Cayara y habían prestado declaraciones ante el Fiscal Escobar, ante la Comisión Investigadora del Senado y ante la prensa peruana. Los otros tres eran padre, madre y hermana de Gregorio Ipurre Ramos, respectivamente. En horas de la madrugada, los detenidos fueron subidos a un camión del Ejército que se alejó en dirección a la Base Militar de Huancapi. Sin embargo, hasta hoy los cinco nombrados se encuentran en calidad de detenidos-desaparecidos.

Muerte de Justiniano Tinco García, Fernandina Palomino Quispe y Antonio García Tipe

El 14 de diciembre de 1988, el camión en que viajaban Justiniano Tinco García, Fernandina Palomino Quispe y Antonio Félix García Tipe junto con alrededor de 15 personas más, fue detenido por personas encapuchadas en las alturas de Toccto, en las proximidades de un control militar y de una estación de comunicaciones custodiada por efectivos de la Policía de Seguridad, a 40 kilómetros de Ayacucho. Los encapuchados seleccionaron a los nombrados y los ultimaron.

Justiniano Tinco era el Alcalde de Cayara y estaba en la lista de la carta anónima; su esposa Benedicta María Valenzuela Ccayo había sido torturada en el Consejo Distrital. Fernandina Palomino era la Secretaria de la Alcaldía y testigo importante de los sucesos de Cayara, habiendo testimoniado ante el Fiscal Escobar, otras autoridades y la prensa, señalando la responsabilidad de los militares en los hechos. El tercero era el chofer del camión.

Muerte de Martha Crisóstomo García

El 8 de septiembre de 1989 ocho individuos encapuchados vistiendo uniforme militar ingresaron a la casa de Martha Crisóstomo García en el barrio Cooperativo Ciudad de las Américas, San Juan Bautista de Huamanga, Ayacucho, a las tres de la madrugada dándole muerte de varios tiros.

La víctima era testigo de excepción por haber presenciado y prestado testimonio sobre varios de los elementos centrales de la cadena probatoria de este caso, y había hecho cargos diversos contra el General Valdivia. Cabe señalar también que ella había reconocido el cadáver de su tía Jovita García y había sido detenida por quince días en el Cuartel de Huancapí, después de los sucesos centrales de Cayara y luego liberada por gestión de las entidades de derechos humanos.

Martha Crisóstomo García había abandonado Cayara por razones de seguridad y el 19 de noviembre de 1988 había oficiado al Fiscal Superior Comisionado de Ayacucho, solicitando que no se la trasladara a Cayara desde el Hospital de Huamanga donde trabajaba, debido a que temía por su vida.

Pese a que hubo numerosos testigos del asesinato, por cuanto oyeron los gritos de la occisa, además se encontraron tres proyectiles en su cuerpo, la investigación no arrojó resultado alguno, ni logró identificar los proyectiles, siendo archivada provisionalmente por Resolución del Fiscal Provincial de Ayacucho, el 18 de enero de 1990.

2.3.3. Actuaciones del Estado

Del ejecutivo
A mediados de mayo de 1988, luego de la emboscada senderista a una patrulla militar del Ejército en la localidad de Cayara, la Presidencia del Consejo de Ministros, al principio, expresó en un comunicado oficial «la falsedad de una supuesta masacre de campesinos». Ante la aparición de campesinos que atestiguaban la veracidad de los hechos, una comisión de ministros, funcionarios del Ministerio Público y congresistas visitaron la zona. Luego viajó el mismo Presidente de la República y las autoridades comenzaron a revisar sus versiones iniciales. Un mes después, una Comisión Investigadora del Senado, presidida por el Dr. Carlos Enrique Melgar, se dirigió a la zona, donde ya la Fiscalía había acudido e iniciado sus propias averiguaciones. Hubo declaraciones encontradas entre ambas instancias. Entre

tanto, varios testigos eran desaparecidos o asesinados. Seguidamente el fiscal Escobar, a cargo de la investigación fiscal, presentó sus conclusiones preliminares, confirmando que había ocurrido una matanza; ante este hecho fue retirado del caso. Un nuevo fiscal apoyó las tesis del senador oficialista Melgar, quien en su informe en mayoría al congreso desconoció la masacre. El 21 de mayo de 1988, la Presidencia del Consejo de Ministros informó que una Comisión conformada por el señor Ministro de Defensa, General Enrique López Albújar, el Ministro de Justicia, doctor Camilo Carrillo y acompañada por el Decano del Colegio de Abogados de Lima, doctor Raúl Ferrero y el entonces Arzobispo Auxiliar de Lima, Monseñor Augusto Beuzeville, visitaron Cayara. Ese mismo día se propaló un informe que afirmaba: "habiendo comprobado *in-situ* que no existe muestra alguna de bombardeo, incendio o combates producidos en Cayara..." y que, "a través de los testimonios libremente expresados por los pobladores que se encontraban en Cayara, se ha comprobado la falsedad de las versiones que dejaban entrever supuestas violaciones de mujeres, incendios, bombardeos, asesinatos de un centenar de personas y otros actos de genocidio perpetrados supuestamente en Cayara y atribuidos a personal del Ejército". Tras esta información, Monseñor Beuzeville miembro de aquella comisión, dirigió una comunicación a la Comisión Interamericana de Derechos Humanos, con fecha 17 de mayo de 1991, cuya copia textual es la siguiente:

ACLARACIÓN
Yo, Monseñor Augusto Beuzeville Ferro, Obispo Auxiliar en la Diócesis de Piura-Tumbes, ubicada en los departamentos de los mismos nombres, República del Perú, a instancia de la Asociación Pro Derechos Humanos (APRODEH), institución peticionaria en los casos Nos.

10.206, 10.264, 10.276 y 10.446 (Caso CAYARA); y en atención al documento de fecha 27 de mayo de 1991, el cual contiene la respuesta del Gobierno peruano al informe N° 29/91 emitido por la Comisión Interamericana de Derechos Humanos, hago constar por escrito las siguientes precisiones aclaratorias de la referida respuesta:

PRIMERO: En mayo de 1988, el Gobierno del Perú, bajo la Presidencia del Dr. Alan García Pérez, ante la denuncia de una matanza de campesinos perpetrada por efectivos militares en la localidad de Cayara, ubicada en el Departamento de Ayacucho, dispuso el viaje a la zona de una Comisión Gubernamental integrada por el Ministro de Justicia, Dr. Camilo Carrillo; el Ministro de Defensa, General Enrique López Albújar; a fin de verificar la realidad de los hechos. Asimismo, en calidad de testigos, el que suscribe, en aquella época Obispo Auxiliar en Lima, y el Decano del Colegio de Abogados de Lima, Dr. Raúl Ferrero Costa, fuimos invitados al viaje, que se llevó a cabo el 21 de mayo de 1988.

SEGUNDO: El informe de la visita al lugar de los lamentables sucesos, fue dado a conocer en una reunión privada, al Primer Ministro de entonces, Armando Villanueva del Campo, y en presencia del Ministro de Justicia, de Defensa y del Interior.

TERCERO: Para sorpresa del Dr. Ferrero Costa y del que suscribe, el 21 de mayo de 1988, la Presidencia del Consejo de Ministros emitió un comunicado oficial en el cual afirmaba en el punto 5): "Las personalidades mencionadas se constituyeron en la localidad de Cayara (...) habiendo comprobado que no existe muestra alguna de bombardeos, incendios o combates producidos en dicha localidad".

Asimismo, en el punto 9) afirmaba que: "A través de los testimonios libremente expresados por los pobladores de Cayara, se ha <u>comprobado la falsedad</u> de las versiones que dejan entrever violaciones de mujeres, incendios, bombardeos, asesinatos de niños, ocasionando un centenar de muertos y otros actos de genocidio en la mencionada localidad, atribuidos a las fuerzas del orden".

En relación a este comunicado, el Dr. Ferrero y yo hicimos saber al Primer Ministro nuestra insatisfacción con el mismo, dado que consideramos que estaba incompleto y no ajustado a la verdad de los hechos, puesto que campesinos que nos dieron el alcance en la Plaza de Armas, nos manifestaron que el día 14 de mayo, luego de una emboscada de Sendero Luminoso a dos camiones del Ejército, se produjo un enfrentamiento en la noche. Al día siguiente, muy temprano, llegaron miembros del Ejército y tomaron represalias contra la población, incendiando 3 ó 4 chozas y asesinando 27 o 28 campesinos que estaban trabajando en la cosecha. Sin embargo, no pudimos comprobar la verdad de todo esto, en tanto que no teníamos ningún poder de decisión respecto del programa de inspección, ya predeterminado por las autoridades gubernamentales.

CUARTO: Como consecuencia de esta entrevista, en la cual hicimos saber nuestras impresiones en el sentido de que teníamos sospechas de que en dicha localidad ayacuchana sí se produjeron excesos de parte de las Fuerzas Armadas, la Presidencia del Consejo de Ministros emitió otro comunicado el día 22 de mayo, en el cual hacía "...saber que está poniendo en conocimiento de la Fiscalía de la Nación, las versiones manifestadas por habitantes de dicha localidad, quienes refieren la muerte de pobladores (...), por corresponder a dicha autoridad el profundizar las investigaciones pertinentes, las mismas que por su naturaleza escapan a las posibilidades y alcances de la misión encomendada".

Asimismo, en el comunicado se precisaba que "El Gobierno reitera su decisión para lograr el completo esclarecimiento de las versiones contradictorias que puedan existir sobre lo ocurrido...".

QUINTO: Este último y definitivo comunicado oficial, se revela así como contradictorio y no ajustado a la verdad en relación con lo que afirma el Gobierno peruano en su respuesta, en la cual afirma que: "El Poder Ejecutivo nombró una Comisión de Notables que visitó la zona y <u>no halló sustento a las denuncias</u>...".

En efecto, dicha Comisión, de la cual formé parte, en ningún momento informó sobre la falta de pruebas definitivas; por el contrario, dado las versiones recogidas por la Comisión, en reiteradas oportunidades, a título personal y a través de la prensa, invoqué sobre la necesidad que estos acontecimientos debían ser investigados por los organismos pertinentes como son la Fiscalía de la Nación, el Poder Judicial así como la Comisión de Derechos Humanos del Congreso de la República.

Por otra parte, dicha Comisión nunca evacuó un comunicado oficial escrito ante la opinión pública; sólo remitió sus impresiones sobre lo constatado en reuniones privadas, que luego fueron dadas a conocer a la ciudadanía en general, por la Presidencia del Consejo de Ministros.

SEXTO: Por último, es preciso dejar indicado que mi actuación en tal Comisión se realizó a título personal y no en representación de la Iglesia, pues consideré un deber y un servicio al país para el esclarecimiento de la verdad frente a versiones totalmente contradictorias.

Debe señalarse igualmente que el entonces señor Presidente de la República, doctor Alan García Pérez visitó Ayacucho y Cayara el 22 de mayo de 1988, entrevistándose con pobladores y autoridades de la zona.

El Senado de la República
El 23 de mayo de 1988, el Senado de la República decidió constituir una Comisión Investigadora de los hechos motivo de la demanda, conformado por los senadores: Carlos Enrique Melgar López, Esteban Ampuero Oyarce, Ruperto Figueroa Mendoza y Alfredo Santa María Calderón, del APRA; senadores Javier Diez Canseco Cisneros y Gustavo Mohme Llona de Izquierda Unida y el senador independiente José Navarro Grau.

Tras las investigaciones del caso, la Comisión del senado presentó el día 9 de mayo de 1989 cuatro informes diferentes que contienen conclusiones: Uno en mayoría suscrita por los senadores del APRA y tres en minoría. Tres de los cuales a continuación se presentan en este documento:

Las conclusiones en mayoría de la Comisión del senado, fueron suscritas por los senadores Melgar, Ampuero, Figueroa y Santa María, en los términos siguientes (Transcripción textual).

1. Está probado que el 13 de mayo de 1988, una patrulla del Ejército fue emboscada en la región de Erusco por elementos senderistas quienes hicieron volar a uno de los camiones mediante potentes cargas de dinamita que previamente habían colocado en la carretera y como consecuencia perdieron la vida el Capitán de

Infantería José Arbulú Sime, el Sargento Segundo Angel Vargas Támana, el Cabo Fabián Rondán Ortiz y el Cabo Carlos Espinosa de la Cruz, quien falleció en la Unidad Quirúrgica Móvil de Ayacucho y fueron heridos quince efectivos del Ejército, cinco de los cuales resultaron con heridas de suma gravedad.

2. Está probado que a raíz de la emboscada resultó totalmente inutilizado el camión portatropas UNIMOC Nº 12082 de propiedad del Estado, e igualmente fueron sustraídos y/o destruidos por los senderistas once fusiles automáticos livianos (FAL) calibre 7.62; una pistola ametralladora HK-MPSKA calibre 9, más 52 cargadores de FAL y 14 cargadores de HK.

3. Está probado que pese a la superioridad numérica de los atacantes y el factor sorpresa que utilizaron para la emboscada al convoy militar, los sobrevivientes de la patrulla rechazaron, en la medida de sus posibilidades, la agresión habiendo fallecido varios elementos subversivos no identificados en el lugar de los hechos, presumiéndose que hubo también algunos heridos los que fueron evacuados por los senderistas hacia las poblaciones cercanas antes de que llegaran refuerzos del Ejército procedentes de Huancapi.

4. Está probado que patrullas de refuerzo del Ejército Peruano en cumplimiento a los Planes de Operaciones vigentes, principalmente al Esquema del Plan "PERSECUCIÓN" (E/P PERSECUCIÓN) iniciaron la fase de persecución de la columna senderista que huyó hacia el pueblo de Cayara.

5. Que la localidad de Cayara fue encontrada semiabandonada salvo algunos niños y personas de avanzada edad, quienes manifestaron la existencia de cinco cadáveres en la Iglesia del pueblo, pertenecientes a los heridos subversivos durante la emboscada a la patrulla y que fallecieron en la huida

de aquellos al no tener tiempo de enterrarlos o llevárselos consigo ante la presencia de los nuevos efectivos militares.

6. Que durante la continuación de las operaciones de búsqueda y persecución en las inmediaciones de la localidad de Cayara, específicamente en el lugar denominado Jeschua, se produjeron nuevos enfrentamientos entre las Fuerzas del Orden y los senderistas, lo que ocasionó bajas no verificadas entre los subversivos.

7. Está probado que el 17 de mayo de 1988 el Alcalde del Consejo Provincial de Huamanga, señor Fermín Darío Asparrent, emite un malicioso comunicado denunciando –a sabiendas—falsos hechos delictuosos supuestamente perpetrados por miembros del Ejército en agravio de los pobladores de Cayara.

8. Está probado que frente a los falsos hechos delictuosos imputados a efectivos militares atribuyéndoles supuestos excesos en Cayara, dolosamente se filtra esa noticia a diversos medios de comunicación nacionales y extranjeros montándose una campaña manipuladora que bajo la aparente defensa de los derechos humanos tuvo como uno de sus objetivos políticos inmediatos evitar que las Fuerzas del Orden prosigan con la fase de persecución de los elementos senderistas después de la emboscada de Erusco.

9. Está probado que para lograrse el objetivo político precitado se sindicó a elementos del Ejército como autores materiales de una matanza de cien personas en Cayara, lo que consecuentemente llamó la atención de la opinión pública interna y externa, así como del Gobierno, poderes públicos y diversos sectores políticos y parlamentarios, generándose un evidente sentimiento de solidaridad en la antes mencionada comunidad y al mismo tiempo el cuestionamiento a la

Fuerza Militar acantonada en Ayacucho, la que debía ser investigada para esclarecer los hechos y sancionar a los responsables.

10. Está probado que como resultado de esa operación sicológica, en la que maliciosamente y de acuerdo a cálculos interesados se magnificaron los supuestos excesos de Cayara, se logró paralizar las acciones militares contrasubversivas frustrándose la captura de los senderistas que actuaron en Erusco y además se pretendió minar la moral y espíritu combativo de las tropas cuyos Comandos fueron dolosamente cuestionados en ciertos medios de comunicación que sirven de caja de resonancia a la subversión, como responsables directos de los pretendidos excesos de Cayara.

11. Está probado que cuando el entonces Fiscal Supremo en lo Contencioso-Administrativo, Dr. Manuel Catacora González, estaba encargado del Despacho de la Fiscalía de la Nación –por ausencia de su titular—y tuvo conocimiento de hechos presumiblemente delictuosos cometidos en la localidad de Cayara, dispuso mediante télex que el Fiscal Superior Comisionado de Ayacucho, Dr. Carlos Enrique Escobar Pineda, se encargara de la investigación, quien al recibir dicho télex lejos de transmitir las instrucciones pertinentes al Fiscal Provincial de Cangallo para que interponga la denuncia penal o abra la investigación previa que fuera procedente, conforme lo establece el Artículo 80 de la Ley Orgánica del Ministerio Público, ilegalmente asume la atribución de superior jerárquico y ejercitando funciones correspondientes a cargo diferente del que tiene, apertura por sí y ante sí una investigación sobre los hechos delictuosos, cuando ello es atribución exclusiva de los Fiscales Provinciales y no de los Fiscales Superiores, con lo cual ha incurrido en la

comisión de delito contra la autoridad en la modalidad de usurpación de autoridad previsto y penado por el Artículo 320 del Código Penal.

12. Está probado que el Fiscal Superior Comisionado, Dr. Carlos Enrique Escobar Pineda, ha incurrido en responsabilidad penal y disciplinaria al violar reiteradamente elementales disposiciones procesales y de las Leyes Orgánicas del Ministerio Público y del Poder Judicial, con motivo de la ilegal investigación que practicó sobre los supuestos excesos cometidos en Cayara por personal militar, según se ha detallado en la parte pertinente del presente informe.

13. Está probado que el Fiscal Superior Comisionado ilegalmente solicitó a la Fiscalía Provincial de Cangallo todos los actuados con motivo de la investigación que venía practicando respecto a los hechos delictuosos cometidos por los senderistas en Erusco, impidiendo de este modo la secuela normal de la investigación que ha quedado trunca por semejante decisión arbitraria, demostrando con ello un manifiesto y notorio interés en impedir una investigación sobre los elementos subversivos por parte del Ministerio Público.

14. Está probado que el intérprete Carlos Quispe Arango ha cometido delito contra la fe pública en agravio del Estado al identificarse ante el Fiscal Superior Comisionado susodicho con diversas libretas electorales que tienen diferentes números y que pertenecen a otros ciudadanos, según se ha demostrado en lo principal del presente informe.

15. Está probado que el Fiscal Superior Comisionado supradicho ha tenido pleno conocimiento que el intérprete Alfredo Quispe Arango ha cometido delito contra la fe pública en agravio del Estado al tener diversas libretas electorales de identidad con diferentes números; sin embargo no lo ha denunciado

como era su obligación, faltando de este modo a las obligaciones propias de su cargo, dejando además de promover la persecución y represión de ese hecho delictuoso, siendo por ello pasible de responsabilidad penal a tenor de los Artículos 333, 338, 339 y 361 del Código Penal.

16. Está probado que el intérprete Alfredo Quispe Arango en su calidad de tal ha hecho traducciones falsas incurriendo en delito contra la Administración de Justicia, en agravio del Estado, previsto y penado por el Artículo 334 del Código Penal con la finalidad de obtener pruebas en contra del personal del Ejército falseando dolosamente la verdad de los hechos con la complaciente colaboración del Fiscal Superior Comisionado.

17. Está probado que el Fiscal Superior Comisionado lejos de mantener la reserva de la ilegal investigación que practicó, concedió sendas entrevistas a diversos medios de comunicación y proporcionó informaciones sobre el avance de la misma, con lo cual ha infringido la Ley Orgánica del Ministerio Público.

18. Está probado que el Fiscal Superior Comisionado ha tenido un manifiesto y notorio interés en conocer la investigación sobre Cayara –aún violando la Ley— para impedir con su actuación que las Fuerzas del Orden prosigan con la persecución de los senderistas después de la emboscada de Erusco, coadyuvando de este modo con la campaña de operaciones sicológicas que se montó a través de algunos medios de comunicación para frenar las operaciones contrasubversivas, la que fue alimentada por las informaciones que el Dr. Carlos Enrique Escobar Pineda proporcionó.

19. Está probado que el Fiscal Superior Decano de Ayacucho, Dr. Iván Enrique Tello Mondoñedo, ha tenido pleno conocimiento del delito de usurpación de

funciones en que incurrió el Fiscal Superior Comisionado; sin embargo no adoptó las providencias del caso para subsanar la ilegal investigación que éste practicó personalmente sobre los hechos de Cayara ni instruyó al Fiscal Provincial de Cangallo para que efectuara la investigación procediendo de acuerdo a la Ley, incurriendo en responsabilidad penal que debe ser puesta en conocimiento del señor Fiscal de la Nación.

20. Está probado que el Fiscal Provincial de Cangallo, Dr. Jesús E. Granda Olaechea, efectuó una investigación ampliatoria respecto a Cayara, teniendo como base todos los actuados e Informe Final evacuado por el susodicho Fiscal Superior Comisionado.

21. Está probado que al término de la investigación ampliatoria el Fiscal Provincial de Cangallo emitió el 24 de noviembre de 1988 una resolución por la que resuelve no formalizar denuncia penal contra el personal del Ejército por los supuestos delitos cometidos en Cayara, archivando todos los actuados en Cangallo.

22. Está probado que con la intervención del Fiscal Provincial de Cangallo, el Ministerio Público, como único organismo autónomo del Estado encargado de la persecución del delito, ha esclarecido la verdad de los hechos y por ende la falsedad de las denuncias calumniosas contra miembros del Ejército Peruano, quedando así a salvo la imagen de dicha institución y de los jefes, oficiales y personal de tropa que prestaron servicios en Ayacucho durante el año 1988.

23. Está probado que el entonces Jefe Político Militar de Ayacucho, General E.P. José Valdivia Dueñas, no es autor intelectual ni material de ningún hecho delictuoso como calumniosamente se le imputara en las denuncias, y por ende no tiene responsabilidad de ninguna índole, habiendo sido más bien víctima de

una innoble campaña para minar su autoridad y comando dentro de la estrategia que lleva a cabo Sendero Luminoso para neutralizar y/o destruir a las Fuerzas del Orden, a fin de desestabilizar el régimen democrático y el Estado de Derecho en el Perú.

24. Está probado que el Juez de Primera Instancia de Cangallo, Dr. César Carlos Amado Salazar ha practicado, a petición del Fiscal Superior Comisionado, una serie de diligencias extra proceso penal realizando actuaciones propias de los fines de la instrucción violando de esta manera el procedimiento penal que es de orden público y por ende de ineludible cumplimiento por los funcionarios judiciales.

25. Está probado que el cadáver encontrado el 10 de agosto de 1988 en Pucutuccasa, oculto en una fosa en forma clandestina, no corresponde al de JOVITA GARCÍA SUÁREZ como inicialmente sostuviera el Fiscal Superior Comisionado en forma dolosa.

26. Que al probarse que ese cadáver no corresponde al de Jovita García Suárez, la partida de defunción de ésta y que se encuentra inscrita en el Consejo Provincial de Cangallo deviene en irrita ipso jure, por lo que es procedente que el Fiscal Provincial de Cangallo como defensor de la legalidad inicie las acciones judiciales para la anulación de esa irregular inscripción.

27. Está probado que los señores Vocales integrantes del Primer Tribunal Correccional de Ayacucho durante el año 1988, tuvieron una participación irregular al absolver un grado en un incidente de apelación en que conocieron las irregularidades del Juez Instructor referido, pese a lo cual como Instancia Superior no las subsanaron declarando nulo todo lo actuado e inadmisible la petición del Fiscal Superior Comisionado, dejando a salvo el derecho del representante del Ministerio Público para que proceda de acuerdo a la ley.

Conclusiones del senador Gustavo Mohme Llona (Se transcribe textualmente).

1. Los indicios encontrados por las autoridades judiciales y los representantes del Ministerio Público, convalidan la denuncia de que en Cayara se produjo una matanza de campesinos por parte de efectivos militares y ameritan una profunda investigación en el Poder Judicial.
2. En términos legales estrictos no puede hablarse de una matanza, porque hasta ahora no se han encontrado los cuerpos del delito; sin embargo, no debe descartarse la posición que tuvo la Corte Suprema de la República en el "Caso Cárpena", donde se juzgó un asesinato sin haberse encontrado el cuerpo de la víctima.
3. Todo hace suponer que ante la denuncia pública de la matanza, el Comando Político-Militar de Ayacucho tomó la decisión de hacer desaparecer las evidencias. Para ello impidió el acceso de toda autoridad civil y de la prensa a la zona hasta una semana después, tiempo en que procedieron al desentierro y traslado de cadáveres hacia las zonas altas de Cayara.
4. Los efectivos militares no agotaron su acción represiva el 14 de mayo de 1988, día del ataque a Cayara, sino que días después del 18 de mayo de 1988 el propio Jefe del Comando Poítico-Militar de la Zona apresó a los señores Jovita García Suárez, Alejandro Ectuccaja Villagaray y Samuel García Palomino, quienes 70 días más tarde aparecieron enterrados en una fosa en las alturas de Cayara. Toda la población de Cayara fue testigo del arresto de estos pobladores a quienes después se les quiso calificar de "informadores del Comando" para culpar de sus muertes a la subversión.
5. La responsabilidad de estos graves hechos recae, indiscutiblemente, en la persona del Jefe del Comando

Político-Militar, General EP Valdivia Dueñas y los autores directos de la matanza.

6. El Gobierno, lejos de encubrir la responsabilidad militar, debe convencer a las más altas autoridades de las Fuerzas Armadas de la necesidad de que se sepa toda la verdad sobre los sucesos de Cayara y se castigue a los culpables. Las Fuerzas del Orden saben quiénes son, puesto que conocen los nombres ocultos tras los seudónimos utilizados por cada Jefe de Patrulla.

Nuestra Comisión considera que existen indicios suficientes que ameritan una profunda investigación a cargo de las autoridades competentes sobre lo sucedido el 14 de mayo de 1988 en el pueblo de Cayara, Provincia de Victor Fajardo en Ayacucho, para determinar e individualizar a los responsables del asesinato de 28 campesinos cayarinos.

Conclusiones del senador Javier Diez Canseco (Transcripción textual)

1. Las acciones posteriores al 14 de mayo se dan como consecuencia inmediata y directa del ataque a un convoy militar ocurrido el día anterior en las inmediaciones de Cayara. Existieron tres componentes en tal respuesta militar:

   1.1 Dar apoyo directo a los emboscados, aspecto que se agota de inmediato con el repliegue de los sobrevivientes.

   1.2 La persecución de los subversivos, buscando aniquilarlos y recuperar armamento, que continúa hasta el día 15.

   1.3 El castigo a la población, considerada partidaria y participante de la subversión, junto con la búsqueda de personas determinadas, señaladas

177

en una lista que el ejército maneja desde antes de entrar en Cayara.

2. La existencia de esa lista de supuestos partidarios de la subversión, de la que se vale el ejército, es el hilo conductor de un mismo proceso ejecutivo de un delito continuado que busca agotar la eliminación de todos los agentes subversivos y -en especial- de los integrantes de dicha lista que dispone la inteligencia militar y que, iniciándose el 14 de mayo en Cayara, continúa con las detenciones-desapariciones del 19 de mayo, 30 de junio, 3 de julio y, por último, el asesinato de Fernandina Palomino, Justiciano Tinco y Antonio García Tipe el 14 de diciembre. Asimismo, es componente del mismo proceso delictivo la desaparición del cadáver de Jovita García Suárez.

3. La Comisión, basándose en los testimonios de los testigos, los restos encontrados en los desentierros de las fosas, por el Fiscal Superior Comisionado y los vacíos y contradicciones que deja la información del Ministerio de Defensa, concluye que el día 14 de mayo de 1988, el Comando Militar dispuso una operación de persecución y de aniquilamiento de fuerzas subversivas, culminada en una acción punitiva contra la población -especialmente masculina- de Cayara, por su supuesta participación en la emboscada del 13 de mayo, lo que implicó la matanza indiscriminada de decenas de civiles y la detención-desaparición de otros.

4. La Comisión ha encontrado evidencias consistentes de que, durante el operativo se produjo el asesinato de civiles no combatientes, tal es el hecho de las muertes ocurridas el 14 de mayo, en el paraje de Erusco, en el ingreso al pueblo de Cayara y la posterior de cuatro personas en el pueblo de Mayupampa.

5. La Comisión sostiene que el ejército no ha podido probar la participación –subversiva y en la

emboscada—de la población de Cayara, en la forma en que las conclusiones del informe de Inspectoría del Ejército sugiere, no obstante de haber supuestamente tenido los elementos para sustentar su versión, tal como la identificación dactiloscópica de los cadáveres de Erusco o la exhibición de los testimonios y los pertrechos recuperados en Cayara y Jeshua.

6. La Comisión descarta por inverosímil la tesis de la desaparición de cadáveres por acción de los subversivos y concluye que, como consecuencia de las denuncias realizadas a partir del 17 de mayo, y más precisamente a partir de la solicitud de apoyo del Fiscal Escobar al Ejército para ir a Cayara a desenterrar las fosas, hecha el 25 de mayo, el ejército desentierra los cuerpos y los desaparece intentando destruir así toda evidencia del crimen masivo.

7. Existe un deliberado ocultamiento de información, violando los preceptos contenidos en los artículos 179 y 180 de la Constitución, por cuanto:

    a. No se ha proporcionado el informe completo de la investigación de la Inspectoría del Ejército, ni de sus anexos, sino tan sólo las conclusiones del mismo.

    b. No se ha informado el resultado de la identificación dactilar de los cuatro cadáveres encontrados en Erusco.

8. La Comisión concluye que en la planeación y ejecución de las acciones militares a partir del 14 de mayo, tuvo directa y suprema responsabilidad el General de División José Valdivia Dueñas, Jefe del Comando Político Militar de esa zona bajo estado de excepción.

9. La Comisión ha encontrado evidencias que indican que el día 19 de mayo los ciudadanos Jovita García Bautista, Alejandro Echeccaya y Samuel García fueron detenidos por el ejército y posteriormente secuestrados. Además, concluye que la posterior

ubicación de sus cadáveres crea la evidencia de que los autores de sus muertes serían los mismos efectivos militares que los sacaron de Cayara.

10. La Comisión sostiene que la posterior y última desaparición del cadáver de Jovita García, sólo puede atender a la intención de obstaculizar la certeza legal de su asesinato a manos de sus captores.

11. La Comisión ha encontrado evidencias para concluir que, descartando la versión del secuestro por parte de una columna de subversivos, el 30 de junio el ciudadano Gregorio Ipurre Ramos y sus familiares fueron secuestrados por efectivos del ejército.

12. La Comisión concluye que las restantes denuncias de asesinatos de civiles producidos en el curso de estos hechos, de los cuales el Fiscal Escobar encontró restos no identificados, deben ser esclarecidas por acción del Ministerio Público.

13. Ha existido una deliberada y permanente obstrucción de las investigaciones del Fiscal Superior Comisionado Carlos Escobar Pineda, unida a la falta de colaboración de las del Comando Político Militar de Ayacucho para que cumpla sus funciones.

14. Los hechos investigados arrojan la evidencia de que se han producido ilícitos tipificados en nuestro ordenamiento penal común, que de ninguna manera pueden ser entendidos como delitos castrenses, siendo deber del Ministerio Público esclarecerlos y del Poder Judicial sancionarlos.

15. La Comisión concluye que los crímenes investigados no pueden ser vistos desligados del marco general de la política contrainsurgente mantenida por el actual Gobierno. En este marco, las fuerzas del orden emplean, como métodos de acción, el uso de apremios ilegales, tales como la tortura o la amenaza, con el fin de obtener información de inteligencia. Estos métodos

corresponden a una lógica de guerra, en la que poblaciones enteras son comprendidas dentro de lo que es el enemigo y con las cuales el Estado sólo sigue teniendo una relación coercitiva.

16. La Comisión señala que, lamentablemente, la crítica que hace hoy es exactamente coincidente con la que en octubre de 1985, en los inicios del actual régimen, hacia la Comisión Senatorial que investigó los sucesos de Pucayaccu y Accomarca, comprobación evidente de que al cambio de gobierno no correspondió un cambio de la política antisubversiva.

2.3.4. Acciones de encubrimiento y de obstaculización de la Administración de justicia.

Los autores de tan graves hechos como los acaecidos, a partir del 14 de mayo de 1988 en el distrito de Cayara, realizaron un conjunto de acciones tendientes a borrar las huellas que indicaran su culpabilidad, a obstaculizar las investigaciones ejecutadas por el Ministerio Público y proporcionaron una versión de los hechos para responsabilizar de los mismos a otras personas o agrupaciones.

Eliminación de huellas.
Con el fin de impedir que pudiesen precisarse tanto la naturaleza de los hechos ocurridos como sus autores, el personal militar procedió a limpiar las manchas de sangre de la iglesia de Cayara, en la cual habían dado muerte a las personas mencionadas en el punto correspondiente.

El personal militar igualmente procedió a sustraer los cadáveres de las personas muertas a la entrada de Cayara, en la iglesia, en Qheschuaypampa y, posteriormente, de los detenidos el 18 y 19 de mayo y que fueran enterrados en el cerro Pucutuccasa.

La eliminación de huellas también es parte esencial del método de desaparición forzada de personas, aplicado en este caso a dos personas en las proximidades de Qheschuaypampa alrededor del día 16 de mayo de 1988, y otras cinco personas detenidas el 29 de junio de 1988.

También ha sido una forma de impedir que pudieran precisarse los hechos y determinar sus autores la eliminación física de testigos, ocurrida en los hechos que se detallan en esta demanda en los puntos respectivos.

Obstrucción de justicia
Al mismo tiempo que los autores de los hechos comienzan a eliminar las huellas de sus actos, entorpecen las investigaciones realizadas tanto por la prensa como por el Ministerio Público y el Poder Judicial. La demanda enumera más de 11 casos puntuales que demuestran el amedrentamiento y otras maniobras por parte de los militares, con el fin de obstaculizar las investigaciones de las autoridades encargadas de investigar, los mismos que por economía de espacio en este ítems no se transcriben.

Elaboración de versiones justificadoras.
Las acciones destinadas a encubrir la autoría de los hechos se complementan con la elaboración de versiones destinadas a proporcionar una justificación de las acciones emprendidas, a responsabilizar indebidamente en los hechos a otros agentes y a desprestigiar las labores de quienes, en sus investigaciones, llegan a conclusiones diferentes, pero fundadas en las evidencias.

Es así como pueden discernirse ciertas líneas fundamentales, tanto en las versiones del Ejército como en el dictamen de la mayoría de la Comisión Investigadora del Senado. Así se reconoce que existió un número indeterminado de muertos, pero se alega que perecieron en el curso de enfrentamientos armados, tanto en Erusco como posteriormente en Qheschuaypampa. Cuando el Ejército ya había ganado el control total de la zona de Cayara, Erusco y alrededores, habiendo incluso establecido un puesto militar en la escuela, explican que son los grupos subversivos los que sustrajeron la totalidad de los cadáveres para impedir su reconocimiento y son ellos, en iguales circunstancias de control militar, los que secuestraron y desaparecieron a Jovita García, Alejandro Echeccaya y Samuel García Palomino. A la primera de los nombrados, las versiones militares y de la mayoría de la Comisión senatorial le asignan ser la informante del Ejército que escribe la carta anónima, a pesar que la misma está redactada por un "patriota legal" que solicita no mencionar "el nombre del portador" (género masculino).

Las versiones justificatorias, asimismo, consideran que las opiniones diferentes tienen por fin desprestigiar a las Fuerzas Armadas e impedir su acción antisubversiva. Así, por ejemplo, en el caso del dictamen en mayoría de la Comisión Investigadora del Senado expande el argumento contenido en el Informe del General Valdivia al Fiscal Provincial de Cangallo, referido a la actuación ilegal y políticamente motivada del Fiscal Superior Comisionado, a la cual se agrega un ataque contra la probidad profesional del intérprete.

Este argumento y las gestiones políticas que necesariamente se derivan de él, llevan al reemplazo del Fiscal Escobar por el Fiscal Granda que basa su decisión de archivar provisionalmente el caso en testimonios cuya credibilidad ha sido ya cuestionada en esta demanda, por haber cambiado la versión original, haber sido prestados dentro de un cuartel del Ejército, después de que varios testigos habían sido presionados para que modificaran sus testimonios y otros incluso habían sido detenidos y asesinados o desaparecidos.

2.3.5. Conclusiones finales de la Comisión Interamericana de Derechos Humanos sobre este caso.

La Comisión Interamericana de Derechos Humanos, al someter este caso a la consideración de la Corte Interamericana de Derechos Humanos, reitera su convencimiento de la responsabilidad internacional del Estado del Perú, derivada de las violaciones a los derechos reconocidos por los artículos 4, 5, 7, 8 y 25 de la Convención Americana sobre Derechos Humanos, cometidas por miembros del Ejército contra personas sometidas a la jurisdicción del Estado peruano, en el curso de hechos que se inician el 14 de mayo de 1988 en el distrito de Cayara, provincia de Victor Fajardo, departamento de Ayacucho y que culminan el 8 de septiembre de 1989.

La Comisión Interamericana de Derechos Humanos está convencida, igualmente, que el Estado peruano no ha cumplido con las obligaciones derivadas de lo establecido por el artículo 1.1. de la Convención Americana sobre Derechos Humanos, pues no ha adoptado medidas tendientes a garantizar el ejercicio de los derechos reconocidos en tal instrumento internacional, sino que sus agentes han procedido sistemáticamente con el objeto de impedir el esclarecimiento de los hechos y de asignar las responsabilidades correspondientes. Como resultado de ello, las graves violaciones que se presentan en esta demanda permanecen sin sanción y se ha afectado el funcionamiento de las instituciones mismas del Estado, encargadas por la Constitución Nacional, de salvaguardar los derechos de los habitantes del Perú y de investigar y sancionar a los responsables de las violaciones a los derechos humanos. Se ha incurrido, de esta manera, en la comisión de hechos calificados como delitos por la propia legislación interna del Perú.

CAPÍTULO VI
RASTROS DE CORRUPCIÓN DEL SEGUNDO GOBIERNO DE ALAN GARCÍA PÉREZ (COMISIÓN INVESTIGADORA DEL CONGRESO DE LA REPÚBLICA)

Donde camotes se asaron, cenizas quedaron, dice un adagio popular. El Congreso de la República en ejercicio de su función fiscalizadora, el 14 setiembre de 2011 propone y aprueba una Comisión Investigadora Multipartidaria para examinar las cenizas de la gestión del ex presidente de la República Dr. Alan García Pérez, durante su segundo periodo gubernativo 2006-2011. Este encargo estuvo delimitado por el otorgamiento de 6 atribuciones exclusivas, que la indicada Comisión debiera asumir para cumplir su misión.

Las atribuciones que a pie de página se señalan, metodológicamente están precisadas con seis objetivos genéricos que a continuación se resumen: i) Identificar y determinar indicios razonables de comisión de delitos, ii) Determinar mecanismos legales y responsabilidades que permitieron actos ilícitos, iii) Individualizar responsabilidades penales, políticas y administrativas, iv) Definir si los presuntos actos ilícitos fueron aislados en asociación, v) Proponer recomendaciones de normas y políticas correctivas y, vi) Formalizar denuncias si fueran necesarias. Estos objetivos genéricos además están complementados con tres objetivos específicos, los que prácticamente trazan con precisión el derrotero que la Comisión investigadora debe seguir, para llegar al ilícito penal. En particular, el primer objetivo específico señala seis tareas precisas a las que la comisión centraría su acción.

187

En síntesis, la lectura y el entendimiento de las atribuciones transcritas en pie de página y los objetivos antes señalados, sin lugar a dudas expresan y sugieren al ciudadano peruano, que el poder Legislativo entrante previamente estuvo informado y convencido que durante el segundo periodo gubernativo de Alan García Pérez, se presumía la existencia de signos evidentes de comisión de ilícitos penales, bajo una modalidad a la que en el transcurso de este ensayo vengo denominando "democrática"; es decir, utilizando como medio, mecanismos democráticos: leyes, decretos supremos, decretos legislativos y otras maniobras institucionales sospechosas. A tal conclusión conduce el análisis de los resultados del Informe Preliminar de la Comisión Investigadora Multipartidaria (contenido y hallazgos).

En este trabajo, con el propósito de reforzar nuestras conclusiones sobre la nueva modalidad de manejo privado del Estado peruano, se han sintetizado hallazgos crudos e indignantes para la inteligencia peruana, que las tantas veces indicada Comisión Multipartidaria descubrió. Con este propósito solamente se han sintetizado tres casos: Colegios emblemáticos, Manejo de SEDAPAL-SIAC y, Programa Agua Para Todos. En adelante, veamos cada caso:

1. Caso: Colegios Emblemáticos – Sector: Educación

El entonces Ministro de Educación, José Antonio Chang Escobedo, el 07 de enero de 2009 presentó y gestionó en el Consejo de Ministros la aprobación del Decreto de Urgencia N° 004-2009; y con ello, la creación del Programa Nacional de Recuperación de Instituciones Educativas Públicas y Emblemáticas y Centenarias (PNRIEPEC) publicada el 10 de enero. Esta norma, conforme concluye la comisión investigadora, fue aprobada con una Exposición de Motivos sustentada en un "Diagnóstico de la situación física de la infraestructura correspondiente a las instituciones educativas consideradas como colegios centenarios o emblemáticos", inexistente. Consecuentemente, este Decreto de Urgencia no respondió a una situación de emergencia y fue emitido sin sustento técnico ni legal. Es más, originalmente fue incorporada un anexo de 20 colegios a ejecutarse en Lima Metropolitana; pero de forma inusual, mediante una Fe de Erratas, el 12/01/2009, publicado en El Peruano, se incorpora "La rehabilitación, remodelación y equipamiento de la infraestructura del Estadio Nacional-Lima". Desde aquel entonces, el DU N° 004-2009, se constituyó *"en madre"* complaciente de un conjunto de normas legales que derivó en las siguientes situaciones: i) incremento geométrico de los recursos públicos en el programa y, desde luego, en el número de instituciones incorporadas a este; y ii) desborde en los límites autorizados. Pero esto no quedó allí; el 30 de enero del 2009 se publica el Decreto de Urgencia N° 010-2009 que incorpora un paquete de proyectos declarados de "Necesidad Nacional y de Ejecución Prioritaria" en la que se incluye 25 colegios más y adicionalmente, la "Construcción e implementación del Nuevo Local del Ministerio de Educación". Ese mismo día se emite el Decreto de Urgencia N° 011-2009 que en sus artículos 3 y 4, destina fondos hasta S/. 270'000,000.00 para el PNRIEPEC y faculta al Ministerio de Educación realizar todas las modificacines presupuestarias y otras medidas complemntarias que sean necesarias para la aplicación de dicha norma. Con este aval, el Ministerio de Educación, entre los días 4 y 18 de marzo del 2009, con Resolución Ministerial (0050-2009-ED) y Decretos Supremos 006 y 007—2009-ED, incorporó 19 instituciones educativas más al PNRIEPEC y asigna S/.43'078,818.00 millones de soles como inversión. Seguidamente el 24/12/2009 con

Resolución Ministerial N°0376-2009-ED se aprobó la incorporación de dos nuevas instituciones emblemáticas; el 26/10/2010 con Resolución Ministerial N° 0318-2010-ED, se incorpora al Programa otro lote de 122 nuevas instituciones educativas. En el año 2011, con sendas Resoluciones Ministeriales, se incorporan a este programa las Institucines Educativas Emblemáticas: Colegio Mariscal Cáceres de Ayacucho y 44 instituciones educativas emblemáticas de provincias; hasta que finalmente, faltando tres días para la transferencia de mando, el 26 de julio del 2011, con Resolución Ministerial N° 0343-2011-ED, se incorpora al programa 19 Instituciones Educativas más[75].

De cuanto hasta aquí se sintetizó sobre el Programa Nacional de Recuperación de Instituciones Educativas Públicas y Emblemáticas y Centenarias (PNRIEPEC) y la magnitud de recursos asignados para este fin que, en conjunto asciende a un total de S/. 2 012'5318,042.24 millones de sóles (sin incorporar los fondos destinados a las adquisiciones y equipamiento de las instituciones educativas). Distribuido en todo el segundo periodo gubernativo del APRA, sería como sigue: Fondos asignados al Sector Educación dentro del marco del Shock de inversiones de octubre 2006 a 2007: S/. 235'677,480.00 millones de soles y, dentro del marco del PNRIEPEC del 2009 al 2011: S/. 1 776,480,544.24 millones de soles, reflejan aparentemente que el gobierno de Alán García Pérez tuvo una razonable preocupación por la deplorable situación de la infraestructura educativa del Perú. Sin embargo este supuesto, al estudiar los hallazgos que la Comisión Investigadora del Congreso, determinó al

---

[75] **CONGRESO DE LA REPÚBLICA**; Comisión Investigadora Multipartidaria Encargada de Investigar la Gestión de Alan Gabriel García Pérez como Presidente de la República (2006-2011): *Informe Preliminar*: Mayo 2013, Lima-Perú, pp. 9, 10 y 11.

respecto en el Informe preliminar se difumina en la atmósfera de la indignación; todo indica que la historia se repite. A continuación se resume las conclusiones de los hechos corruptos[76]:

1.1. El Decreto de Urgencia N°004-2009-ED fue aprobado con una Exposición de Motivos sustentada en un inexistente "Diagnóstico de la situación física de la infraestructura correspondiente a las instituciones educativas consideradas como colegios centenarios o emblemáticos". Permitió además la evasión de controles, incremento de los montos presupuestales en la reconstrucción y rehabilitación de las institucines educativas priorizadas, contraviniendo la Ley de Contrataciones y Normas que cautelan el uso adecuado de los recurso del Estado. De esta forma se ejecutó 77 obras a nivel nacional y, através de exoneraciones vinculadas a diversas etapas de la remodelación de 53 Colegios Emblemáticos, por un monto de S/. 1,251'203,350.70 millones de soles.

1.2. Se han identificado indicios de responsabilidad en funcionarios del Ministerio de Educación encargados de administrar las obras, para beneficiar presuntamente a las empresas ejecutoras con incrementos injustificados en los montos presupuestados en las siguientes instituciones educativas: Serafín Filomeno (San Martín) por S/. 16´557,084.08; Dos de Mayo (Madre de Dios) por S/. 1´629,814.49; San Juan de la Libertad (Amazonas) por S/. 2´668,508.18; Clorinda Matto de Turner (Cusco) S/. 15´487,362.72; Coronel Francisco Bolognesi

---

[76] **CONGRESO DE LA REPÚBLICA;** Comisión Investigadora Multipartidaria Encargada de Investigar la Gestión de Alan Gabriel García Pérez como Presidente de la República (2006-2011): Informe Preliminar: Mayo 2013, Lima-Perú, pp. 12,13 y 14.

(Tacna) por S/. 10´631,275.68; y José Pardo y Barreda (Ica) por S/. 4´079,623.28.

1.3. El objetivo de la norma fue incorporar al Programa de Reconstrucción, 238 instituciones educativas, para los que se giraron S/. 1,251'203,350.70; sin embargo, este monto fue ejecutado en la contratación de 77 obras para 52 colegios denominados emblemáticos. Con esta suma, sólo se alcanzó el 21.8% de la meta establecida para el período 2009 – 2011; sin embargo el presupuesto fue utilizado al 100%. A enero de 2012, de las 77 obras contratadas, sólo 40 fueron concluidas, 32 en proceso de ejecución y 5 quedaron pendientes de inicio.

1.4. No se respetó ni se tomó en consideración los montos establecidos y aprobados según las fichas del Sistema Nacional de Inversión pública (SNIP), ocasionando perjuicio económico al Estado hasta por S/. 51´053,668.43. Al haberse incrementado los montos sin sustento técnico, dejando de salvaguardar los intereses del Estado.

1.5. En la evaluación para la contratación de las empresas ejecutoras, la comisión ha encontrado indicios razonables de colusión entre los funcionarios del Ministerio de Educación encargados de la Administración de dichas obras y los representantes de las empresas contratistas. Las empresas beneficiadas serían: Consorcio DHMONT & CG & M – JL VITTERI, San José Perú SAC, Oca Construcciones y Proyectos, Construkselva, Constructora Uranio SAC., V&V Contratistas Generales, Building SAC., Corporación Ejecutora de Obras SAC (CEDOSAC), Pérgola SAC. Estas empresas habrían sido beneficiadas al otorgárseles las Buena Pro sin cumplir con los requisitos exigidos por la Ley de Contrataciones del Estado. Está demostrado que en un solo día se otorgaron más de dos contratos sin observar la Ley.

1.6. Se permitió la ejecución de obras en etapas adicionales mediante la modalidad de Obras Nuevas. Se tiene por ejemplo el caso de la IE Mercedes Cabello de Carbonera cuya ejecución fue contratada en una sola etapa; pero significó "Obra Nueva" debido a que se cambió de sede, ubicándose la construcción en un distrito distinto al original.

1.7. Es evidente la responsabilidad de los funcionarios del Ministerio de Educación encargados de administrar estas obras por haber otorgado la Buena Pro al Consorcio Clorinda Matto de Turner, - conformado por las empresas Chung & Tong Ingenieros SAC. y Sansón SRL.- quienes no alcanzaban la experiencia y capacidad financiera exigidas por la Ley de Contrataciones del Estado y sus complementarias.

1.8. Aceptaron cartas fianzas de entidades no supervisadas por la Superintendencia de Banca y Seguros (SBS), como es el caso de la fianza otorgada por la Cooperativa de Ahorro y Crédito para los Exportadores (COOPEX), lo cual no ofrecía ninguna garantía, favoreciendo a la empresa mencionada, con el agravante de que las obras se encuentraban paralizadas.

1.9. En las contrataciones para la Supervisión de Obras, de los S/. 42'806,885.37 destinados para este rubro a nivel nacional, el 27.5% se orientó a tres empresas: Acruta & Tapia Ingenieros SAC (S/. 3'805,725.40), Hidroingeniería SRL (S/. 3'839,420.75) y Schmidt & Chávez – Tafur Ingenieros SRL. (S/.4'129,614.79). Es más, la comisión investigadora encontró vínculos entre las empresas Acruta & Tapia Ingenieros e Hidroingeniería SRL.

1.10. En el cálculo de penalidades existe presunta responsabilidad en los funcionarios del Ministerio de Educación encargados de administrar estas obras, por no haber aplicado correctamente la penalidad sobre el monto total del contrato suscrito bajo la modalidad de suma alzada. Esta omisión se advierte en las instituciones Educativas Juana Alarco de Dammert por S/.1´139,529.58 y Ricardo Bentín por S/.1´048,413.92. Por lo tanto, en estas dos obras, se ha ocasionado perjuicio económico al MINEDU hasta por el importe de S/. 2´187,943.50.

1.11. Los funcionarios del Ministerio de Educación, encargados de modificar los Términos de Referencia de las obras en cuestión, habrían incrementado indevidamente el costo de las obras en las siguientes Instituciones Educativas: Simón Bolívar por S/. 1'926,237.25; Rosa de Santa María por S/. 1'861,058.81; Coronel Bolognesi por S/. 1'468,128.57; Juana Alarco de Dammert por S/. 88,655.92; y San juan en La Libertad por S/. 2'315,597.08. El monto total sin justificación razonable asciende a S/. 7'659,677.63.

1.12. Se ha determinado que el Consorcio DHMONT & CG & M - JL VITTERI, cuyo Patrimonio Neto de sus Estados Financieros - presentados a PROINVERSIÓN - correspondiente a los años 2004, 2005, 2006, ascendían a S/. 4'041,000.00, S/. 6'685, 848.00 y S/. 8'167,147.00, respectivamente. Con este patrimonio financieramente, no tenían solidez para acceder a una contratación con el Estado por el monto como el que el Ministerio de Educación en los periodos 2009 y 2011, le otorgó y suscribió contratos bajo la modalidad de invitación por un total de S/. 233'145,305.11.

1.13. Al momento de las pesquisas realizadas por la comisión investigadora del Congreso, determinó que el Ministerio de Educación, afrontaba 24 demandas arbitrales por contratos vinculados a la ejecución de obras y equipamiento de los colegios emblemáticos que suman un total de S/. 40'502,491.23. El contratista consorcio DHMONT & JLVITTERI es el que más procesos arbitrales ha entablado contra el Ministerio de Educación y reclama, a través de siete arbitrajes el pago de S/. 28'476,404.51; uno, por S/. 2'402,156.34 fue resuelto a su favor.

1.14. Igualmente, la Comisión ha determinado que existen empresas demandantes que han obtenido la Buena Pro en procesos con presuntas irregularidades. Tal es el caso de los contratos con las empresas: Pérgola SAC, DHMONT - JLVITTERI, Constructora Uranio, Consorcio Clorinda Matto de Turner y Corporación Las Dos Torres.

1.15. Asimismo, la comisión precisó que existe responsabilidad en los funcionarios del Ministerio de Educación que condujeron la administración de estas obras, por haber incurrido en presunta concertación de intereses con la empresa española San José Perú SAC, adjudicándole la Buena Pro para la ejecución de obras en el Colegio Militar Leoncio Prado (Callao) por un monto de S/. 56'895,969.19.

1.16. Las investigaciones de la comisión del Congreso establecieron que el entonces Ministro de Educación y Presidente del Consejo de Ministros, José Antonio Chang Escobedo mantuvo vínculo laboral y comercial con la Universidad de San Martín de Porres durante el ejercicio de su mandato como Ministro de Estado y Premier (2006-2011). Era Rector, pero con licencia de dicha casa de estudios. Durante dicho período la Universidad de San Martín de Porres obtuvo contratos con el Estado por un total de S/. 10'173,852.91, de los cuales S/. 1'700,895.97 corresponden a los sectores Educación y PCM de los que Chang Escobedo era el titular.

1.17. Asimismo, esta comisión constató la vinculación de José Antonio Chang Escobedo con las empresas Pérgola SAC, CEDOSAC, Building SAC y el Instituto de Vivienda, Urbanismo y Construcción que participó en la elaboración de documentos vinculados a la ejecución de los contratos del referido Programa. Dichas empresas, mantienen vínculos comerciales con la Universidad de San Martín de Porres, en la que el ex Ministro era Rector. Siendo así, Chang Escobedo como Ministro de Educación y Presidencia del Consejo de Ministros, se encontraba prohibido de ser gestor de intereses propios o de terceros, no pudiendo ejercer ninguna actividad lucrativa ni intervenir en la dirección o gestión de empresas o asociaciones privadas. Al contratar con la Universidad de San Martín de Porres, Chang obvió los principios de respeto, probidad y lealtad al Estado.

1.18. Con fecha 17 de febrero de 2012, la Comisión Investigadora del Congreso solicitó al Colegio de Ingenieros del Perú - Consejo Departamental de Lima, la realización de un peritaje. El Informe Final del Peritaje concluyó en lo siguiente: "El Monto Consolidado Contractual no se ajusta a la obra ejecutada. Existe una diferencia en demasía de S/.1'447,857.45 que corresponde al 7,59%."

2. Caso saneamiento SEDAPAL-SIAC

La sigla SEDAPAL significa: Servicio de Agua Potable y Alcantarillado de Lima. Es una empresa estatal constituida como sociedad anónima; fue creada por Decreto Legislativo N°150 del 12 de junio de 1981 y se rige por lo establecido en su Estatuto, la Ley General de Sociedades y la Ley que rige a las entidades prestadoras de saneamiento. Su responsabilidad es en 48 distritos de la provincia de Lima, la provincia Constitucional del Callao y en aquellas otras provincias, distritos o zonas del departamento de Lima que tienen continuidad territorial. Tiene como Misión: Contribuir al mejoramiento de la calidad de vida de la población de Lima y Callao, administrando eficientemente el recurso agua, recolección, disposición final de aguas servidas y reuso de las mismas, preservando el medio ambiente"[77]. A su vez, SIAC significa Servicio Integral de Actividades Comerciales, fue creado para solucionar el problema de medidores, en sustitución de un proyecto denominado Gestión Integral de Medidores GIM que, por continuos desencuentros en los procesos de adquisición, no cumplió con sus objetivos.

Como referencia de lo que más adelante hemos de tratar, conviene saber que en Lima Metropolitana, el número de hogares abastecidos por todas las fuentes vino experimentando un crecimiento anual disperso. Es así que en el año 2007 creció en 3%, el año 2008 subió a 5% y al año 2009 apenas fue 1%.[78] Por otra parte, en el año 2008 empezaron los trabajos conjuntos entre el regulador SUNASS y SEDAPAL para formular un plan de inversiones; sin embargo, la empresa tardó más de 2 años en plasmar dicho plan, que dicho sea de paso, en este proceso, sucedió una serie de acontecimientos que motivaron este retraso:

- Se modificó permanentemente el plan: En número de proyectos y en valores.
- Se agrupaban proyectos y componentes en diferentes formas, generando inconsistencias técnicas, valores y duplicaciones.
- El Directorio de la empresa aparentemente era renuente a revisar el Plan y las diversas modificaciones enviadas a la SUNASS no fueron aprobadas por este estamento.

---

[77] **SEDAPAL**: *PLAN ESTRATEGICO INSTITUCIONAL 2009-2013*; Gerencia de Desarrollo e Investigación , 2010- Lima
[78] Encuesta Nacional de Hogares 2006-2009

Todo ello aumentó la carga regulatoria e impidió avanzar con mayor celeridad, sumando la presión del Ministerio de Vivienda, Construcción y Saneamiento (MVCS) para que sean incluidos proyectos ubicados en zonas marginales de la ciudad de Lima, en virtud a manifestaciones o movilizaciones de los pobladores de esas zonas[79]

Al respecto el Plan Estratégico Institucional 2009-2013 de SEDAPAL, precisa que existía desfase en los procesos de adquisición e instalación de medidores y una agudización del hurto y vandalismo de medidores. Este problema significaba un 37% de volumen de agua no facturada (ANF) en el año 2008. Esta realidad obligó a la necesidad de adquirir 1'300,000 medidores, cuyo costo aproximado ascendía a 538'000,000.00 millones de soles. He aquí la madre del cordero. La evidente necesidad de adquirir y cambiar el número de medidores del servicio de agua potable, que requiere la ciudad de Lima-Metropolitana, constituyó para la corrupción un manjar apetitoso, algo así como la melaza para los dípteros. En enero del 2009, conforme tengo dicho atrás, se cambió la GIM por SIAC y se convocó a nuevo concurso: CP N° 035-2009-SEDAPAL, con los Términos de Referencia desarrolladas por la Gerencia General para incrementar la facturación y mejorar los ingresos, cuya conducción le fue encargada al Equipo de Servicios Generales de la Gerencia de Logística y Servicios. Este proceso se llevó a cabo; pero incurso en actos que lindan con la corrupción, los que bajo la lupa de la Comisión Investigadora del Congreso

---

[79] **SALAZAR, JOSÉ Y SALARDI, J.**; *Impacto regulatorio de la SUNASS en la situación financiera de las eps*, Lima, Perú-08 Marzo 2012.

saltaron a la vista. Dichos hallazgos resumimos a continuación[80]:

2.1 La Comisión Investigadora tras el análisis de las obras generadas por la Gerencia de Proyectos de SEDAPAL, concluyó que en el periodo 2006-2011, el 83% del monto global de inversiones que equivalen a S/. 1,446'000,000.00 se ha concentrado en sólo nueve empresas, sea en forma individual o en consorcios con otras empresas.

2.2 Pese a que los contratistas en sus respectivas propuestas renunciaron al reconocimiento de las bonificaciones en los honorarios profesionales, el Comité Especial otorgó la Buena Pro incluyendo estos cargos, generándose una mayor obligación de pago que asciende a S/. 39'185.712,00 millones de soles que equivalen al 7.4% del monto contratado.

2.3 La Comisión Investigadora identificó en SEDAPAL 92 procesos arbitrales, de los cuales sólo 34 han concluido y de estos, 24 laudos son a favor de las empresas, 6 a favor de SEDAPAL y 4 concluyeron en acuerdo mutuo de partes. Expresado en montos, estos resultados significan 78.25 millones de soles y sorprende saber que quienes acudieron al laudo, fueron las empresas que incumplieron con los contratos firmados con SEDAPAL.

2.4 La Comisión Investigadora constató signos aparentes de irregularidades en la determinación del Valor Referencial del proceso de adquisición (CP N° 035-2009-SEDAPAL).

---

[80] **CONGRESO DE LA REPÚBLICA**; Comisión Investigadora Multipartidaria Encargada de Investigar la Gestión de Alan Gabriel García Pérez como Presidente de la República (2006-2011): *Informe Preliminar*: Mayo 2013. Lima-Perú, pp. 22, 23, 24 y 25.

2.5   Los porcentajes estimados de gastos generales y utilidades en las cotizaciones referenciales fueron muy altos e inusuales en el mercado. Esta sobrevaluación significaría S/. 2'885,759.63 millones de soles; aproximadamente el 0.5% del monto contratado.

2.6   La Comisión encontró evidencias que indican que en las bases del concurso público no consideraron el porcentaje de utilidad autorizado por la Gerencia Comercial de SEDAPAL, lo que permitió la contratación de ítems que brindaron mayor utilidad al contratista, cuya suma asciende a S/.11'452,929.92 millones de soles y equivalen al 2.2% del monto contratado. La Comisión también detectó que en los costos de los materiales previstos en los valores referenciales de tres ítems se sobrevaloraron por un total de S/. 53'762,110.24 millones de soles, que significan el 10.1% del monto contratado.

3. Agua para todos (PAPT):

3.1. El Programa Agua Para Todos (PAPT), desde una perspectiva global:

El Programa Agua para Todos (PAPT)[81] fue una prioridad del Gobierno aprista. Se creó por Decreto Supremo DS 006-2007-VIVIENDA, como responsable de coordinar y ejecutar las acciones correspondientes a los proyectos y programas del sector saneamiento; según esta norma el PAPT integra las acciones de los siguientes programas: Programa de Apoyo a la Reforma del Sector Saneamiento (PARSSA), Programa Nacional de Agua y Saneamiento Rural (PRONASAR),

---

[81] PLAN DE GOBIERNO DEL PARTIDO APRISTA PERUANO; Lima, febrero-2006, JNE, pag.9

Programa de Inversión Social en Saneamiento (INVERSAN), de la Unidad Técnica del Fondo Nacional de Vivienda FONAVI, así como otros proyectos y programas en materia de saneamiento[82]. El Programa en cuestión prácticamente tomó vigor por auspicio de los diagnósticos del Banco Mundial, las Naciones Unidas, CEPAL, el BID y otros organismos multilaterales, quienes concluyeron que el problema del agua para los países en desarrollo, era crucial y recurrente del milenio, y por lo mismo requería solución inmediata; en especial del Perú, que mostraba los indicadores deprimentes y más bajos de Latinoamérica.

Con este sustento técnico, el gobierno aprista constituyó el Programa Agua para Todos (PAPT), como un proyecto político emblemático, que solucionaría el problema del agua en el Perú. El Presidente del Perú, Alan García Pérez, anunció los compromisos de su gobierno con la problemática del saneamiento, precisando los siguientes objetivos específicos: i) Priorizar la inversión en agua potable y saneamiento. ii) Ejecutar el programa nacional para suministrar los servicios de agua potable y alcantarillado a la población que no cuenta con estos servicios y que son los más pobres del país. iii) Fortalecer a las empresas de agua potable, promoviendo la asociación pública con el capital privado nacional y/o extranjero. iv) Rehabilitar y modernizar la infraestructura existente de agua y saneamiento en todo el país. v) Promover la inversión en el tratamiento de aguas residuales para mejorar la calidad del efluente.... vi) Fomentar como estilo de vida el uso racional del agua y, vii) Propiciar el reuso del agua ya tratada.

---

[82] Decreto Supremo DS 006-2007-VIVIENDA, 23 de febrero de 2007

De modo que con esta política definida, la cobertura de agua potable y desagüe en el Perú se engarza a los objetivos del milenio y se establecen metas nacionales, para elevar el promedio nacional de abastecimiento de agua potable al 90% en el 2011; el de alcantarillado, a 83% en el 2011; en Lima y Callao, el 100% en 2011 tanto de agua potable, alcantarillado y tratamiento de aguas residuales; para alcanzar aquellas metas, se anunció que el 98% de los proyectos del Programa Agua Para Todos (PAPT) se ejecutaban en las zonas menos favorecidas del interior del país. Con este propósito se asignaron fondos del Estado por un monto equivalente a US$ 520'994,563 dólares, cuya estructura programática se expone en el cuadro siguiente:

PROYECTOS 2006-2011: PROGRAMA AGUA PARA TODOS

Ampliación de cobertura US 520'994,563 dólares*

ENTIDAD EJECUTORA	PROYECTOS	INVERSIÓN EN NUEVOS SOLES S/.	BENEFICIA-RIOS
EX PARSSA	188	171'487,896	41, 022
PRONASAR	486	37'622,669	160,292
SHOCK TRANSF.	690	688'592,163	929,959
SEDAPAL	275	561'082,047	990,811
TOTAL	1639	1 458'784,775	2'122,084

FUENTE: Agua para todos y SEDAPAL. Tomado de: CORNEJO, R. ENRIQUE: Ministro de Vivienda, Construcción y Saneamiento del Perú; *AGUA PARA TODOS: MODELO PERUANO DE CRECIMIENTO CON INCLUSIÓN SOCIAL"* Exposición magistral desarrollada en la conferencia regional 2008 sobre *"POLÍTICAS DE AGUA POTABLE Y ALCANTARILLADO ECONÓMICAMENTE EFICIENTES, AMBIENTALMENTE SUSTENTABLES Y SOCIALMENTE EQUITATIVAS"* organizada por CEPAL, GTZ e inWent. Santiago de Chile, 23 de setiembre de 2008.

*Cálculo de tipo de cambio de S/. 2.80 soles por dólar.

Entre el 2006 y 2011 se ejecutaron 1,639 proyectos de saneamiento, con una inversión que ascendió a 1,458'784,775 nuevos soles y debió beneficiar a 2'122,084 habitantes. Con una inversión multimillonaria el PAPT solucionaría el problema recurrente del agua y el saneamiento del Perú. Sin embargo el programa en su aplicación, vino mostrando incoherencias técnicas y administrativas que afectaban a su maduración. En noviembre del 2009, la Consultoría para Evaluaciones Independientes de Diseño y Ejecución de Presupuestos Públicos (EDEP) del Ministerio de Economía y Finanzas, tomó entre sus manos el PAPT y, tras un minucioso trabajo técnico de análisis y evaluación, vino en concluir, entre muchas otras observaciones: 1) que el PAPT, en su funcionamiento se había circunscrito a una gestión programática, sin un marco lógico de desarrollo claro, 2) con un análisis estratégico basado en un FODA de rutina y, 3) con definiciones estratégicas ambiguas e indicadores operativos que no apuntaban a un impacto final ni a medir sus avance. En otras palabras, era un gasto ciego de alcance marginal al objetivo básico del programa. Por esta razón, decían los Consultores, el PAPT no parece haber reconocido todavía que el principal problema de los servicios de saneamiento era de sostenibilidad financiera y de gestión[83]. En otras palabras, el PAPT tal como vino ejecutando los indicados proyectos en aquel periodo, lo hacía técnica y administrativamente al garete, tras haberse

---

[83] Consultoría para Evaluaciones Independientes de Diseño y Ejecución de Presupuestos Públicos (EDEP). Proyecto de Fortalecimiento de la Capacidad Institucional en el Marco de la Descentralización Fiscal – TAL Fiscal [Banco Mundial (BM)]- Unidad de Coordinación de Préstamos Sectoriales (UCPS) del Ministerio de Economía y Finanzas. **INFORME FINAL** (Producto 3): PRESUPUESTO EVALUADO: Agua para Todos. MINISTERIO/PLIEGO: Vivienda y Saneamiento; Lima, Noviembre 2009.

creado el 23 de febrero de 2007. Recién el 26 de febrero de 2009, mediante Resolución Ministerial N°087-2009-VIVIENDA, se aprobó su Manual de Operaciones; entre tanto, su accionar estaba sujeta a las debilidades operativas, técnicas y directrices que el Manual del PARSSA le servía de derrotero. es decir:

• Indefinición de una meta final del programa a nivel de propósito
• La falta de información sobre la tasa beneficio/costo
• La falta de alineamiento de las acciones y recursos con una meta final, lo cual indicaba más acciones y recursos adicionales necesarios que inexorablemente derivarían en elevar costos.

Igualmente, la consultora evaluadora, con datos oficiales proporcionados por el SIAF, determinó que en el PAPT el avance financiero era de S/. 2,648, 810, 662 millones de soles del Presupuesto Inicial Modificado (PIM) y, devengado o pagado, la suma de S/. 1,563, 104, 815 millones de soles que equivalían al 76 % del PIM. Obsérvese el siguiente cuadro:

PRESUPUESTO DEVENGADO DEL PAPT POR CADA AÑO

AÑO DE EJECUCIÓN	DEVENGADO	PIM	AVANCE
2006	S/. 155,895,688	S/. 205,312,836	76%
2007	S/. 538,303,140	S/. 954,739,788	56%
2008	S/. 751,154,966	S/. 973,252,258	77%
2009	S/. 117,751,021	S/. 515,505,780	23%
TOTAL	S/. 1,563,104,815	S/. 2,648,810,662	59%

FUENTE: SIAF. Tomado de: Evaluación Independiente del Diseño y Ejecución del Programa Agua para Todos *Informe Final* (Producto 3) Tabla 41, P. 74.

El análisis de la información contable que ofrece el Informe Final de la Consultora, compendiada por el autor, indica que a lo largo de los años de ejecución del PAPT se habían realizado los siguientes gastos administrativos crecientes: en 2007 fue 0.87%, en 2008 subió a 1.13% y en el 2009, precisamente cuando el PAPT entraba a su fase ascendente, subió al 23.56%. Esta situación para los evaluadores tenía poca relevancia; lo que sí preocupaba era que la información proporcionada por el SIAP estaba relacionada a los gastos ejecutados, más no a los avances físicos de obra o proyecto. Al respecto, dado que los proyectos en ejecución estaban distribuidos en un espacio geográfico disperso y heterogéneo, con grandes dificultades de comunicación para cotejar la situación real de los avances físicos de obra con los gastos ejecutados, obligaba explicar los reparos fundamentales referidos a: ¿El avance físico corresponde al avance financiero? ¿El avance físico de la actividad, efectivamente ha generado productos que contribuyen al propósito completo (por ejemplo no sólo infraestructura sino uso eficaz del recurso agua)? Sin duda, estas interrogantes tienen una connotación preocupante, cuando se constata que la inversión realizada y la cobertura lograda en el promedio internacional (Latinoamericano) asciende aproximadamente a US$ 315 por persona adicional con servicio y en el PAPT, este parámetro bordea los US$ 540 por persona adicional con servicio de agua y saneamiento. En otras palabras, el PAPT ejecutó obras a un costo de 71% por encima del promedio internacional. Estas características podrían ser consecuencia de las múltiples transformaciones del PAPT entre las que se cuentan: (i) conformación forzada aglutinando programas y proyectos de diversa naturaleza en un solo emprendimiento, sin un rediseño adecuado que permita asumir una estructura de programa, y (ii) los cambios en la distribución de responsabilidades no permitieron mantener un ciclo de decisiones internas coherentes en el PAPT, sino que las autoridades sectoriales del gobierno convirtieron en un operador funcional.

3.2. Síntesis de los hallazgos de la Comisión Investigación Multipartidaria del Congreso en el Programa Agua Para Todos PAPT:

1. La Comisión concluye que la promulgación de la Ley 28870 fue posible gracias a que el 01 de agosto el presidente Alan García Pérez y el Premier Jorge del Castillo Gálvez retiraron las observaciones que el gobierno anterior había planteado a la Autógrafa aprobada por el Congreso de la República. Es más, la revisión de las Actas del Consejo de Ministros y los testimonios brindados por García Pérez y el ex Ministro del sector Hernán Garrido-Lecca, dan cuenta que dicha decisión no contó con la opinión ni la aprobación del gabinete, tampoco del titular del sector, sino que fue únicamente responsabilidad del ex Presidente.

2. El Decreto Supremo 020-2006-VIVIENDA, aprobado el 10 de agosto del 2006 por el Consejo de Ministros, a propuesta del titular del Sector Saneamiento Hernán Garrido-Lecca Montañez y publicado el 12 de agosto, declaró en Emergencia el sector, al amparo del artículo 54 de la Ley General de Saneamiento, sin que exista sustento técnico o legal que acreditara la existencia de una situación imprevisible derivada de un desastre natural, epidemia u otro evento que pusiera en riesgo el desenvolvimiento de la sociedad y el Estado, como establecía la Ley General de Saneamiento.

3. La emisión de la Ley 28870 y el Decreto Supremo 020-2006-VIVIENDA, que declararon en Emergencia el Sector Saneamiento, supuso la transferencia de S/. 4, 049, 589, 453.21 para el

financiamiento de 1,165 obras de saneamiento, a través de procesos en los que se han detectado presuntas irregularidades y deficiencias. La Declaración de Emergencia permitió la reducción de exigencias técnicas, de controles y procemientos en la ejecución de obras de saneamiento a nivel nacional, suspendiendo parcialmente la aplicación de la Ley de Contrataciones del Estado y desarticulando el Sistema Nacional de Inversión Pública (SNIP) establecido para garantizar el adecuado uso de los recursos públicos.

4. En virtud de tal emergencia, se emitió el Decreto Supremo 024-2006-VIVIENDA que crea el Procedimiento Especial de Selección (PES) para la adjudicación de las obras de saneamiento priorizadas. Este decreto estableció un mecanismo paralelo a la Ley de Contrataciones del Estado, reduciendo plazos y requisitos en cuanto a la capacidad de contratatación y experiencia que-en el marco de la ley- hubieran tenido que acreditar los contratistas para adjudicárseles la ejecución de obras. Esta situación permitió que empresas consorciadas que no acreditaron capacidad y experiencia de contratación, en el rubro saneamiento, se adjudicaran obras públicas. Asimismo, el PES autorizó la utilización de mecanismos mixtos (Suma Alzada y Precios Unitarios) en la modalidad de Concurso Oferta, contraviniendo la normatividad de contrataciones públicas que sólo permite Concurso Oferta para Suma Alzada y no para Precios Unitarios, debido a que bajo la modalidad mixta o precios unitarios el contratista tiene mayor posibilidad de modificar e incrementar la valorización de la obra.

5. Mediante el Decreto de Urgencia 014-2007, se amplió a otros sectores los alcances de la emergencia, sin especificar los proyectos priorizados, dejandose abierta la incorporación de otros proyectos. La Comisión ha corroborado que el Decreto de Urgencia 014-2007 no contó con sustento técnico ni legal para su emisión, por lo que se habría contravenido el inciso 19 del artículo 118 de la Constitución Política.

6. El Programa Agua Para Todos (PAPT) fue formalmente creado el 23 de febrero de 2007, mediante el Decreto Supremo 006-2007-VIVIENDA, como Unidad Ejecutora adscrita al Viceministerio de Construcción y Saneamiento y concentró los proyectos, fondos y actividades del PRONASAR, PARSSA, UTE FONAVI y otros. De la revisión del Libro de Actas del Consejo de Ministros y de las declaraciones recogidas por la Comisión, se constató que el referido decreto no fue debatido por el gabinete, hecho que contravino el artículo 23 de la Ley de Organización y Funciones del Ministerio de Vivienda, Construcción y Saneamiento, el cual estipula que las modificaciones a su organigrama debían ser aprobadas por el Consejo de Ministros.

7. El Decreto Supremo 006-2007-VIVIENDA establecía la obligación del Director Ejecutivo del Programa Agua para Todos de proponer su Manual de Operaciones en un plazo de 15 días útiles desde la emisión de la norma y debió ser presentado ante el Viceministro de Construcción y Saneamiento. Sin embargo, el referido manual fue aprobado recien en febrero de 2009. Esta situación permitió el uso discrecional de recursos públicos sin establecerse adecuadamente las funciones, responsabilidades y procedimientos que garanticen el uso correcto de los mismos. De esa manera se impidió que los órganos de control ejecuten la

supervisión del funcionamiento eficiente del Programa.

8. Al amparo de la emergencia, ampliada en más de una ocasión, se priorizaron 1584 proyectos; de los cuales 1442 fueron financiados por el Programa Agua para Todos, por un total de S/. 4 049' 589, 453.21. El 98% de estos recursos (S/. 4 001' 942, 688.50) se destinó a 1165 contratos de ejecución de obras y para la elaboración de Perfiles y de Expedientes técnicos el 0.02% y el 1.14% respectivamente. La Comisión ha determinado que, contrario a lo establecido en el Manual de Operaciones y lo señalado por ex funcionarios del Programa, se financiaron proyectos sin haberse suscrito los Convenios de Financiamiento. En el periodo investigado, se suscribieron 2194 acuerdos-entre Convenios y sus Adendas-comprometiendo S/. 3,744,820,756.28; sin embargo, el Programa transfirió la suma de S/. 274, 768, 696.93 por encima de ese monto.

9. Se incumplió la obligación de monitorear, supervisar y fiscalizar el adecuado uso de los cursos transferidos en las obras de saneamiento. De los 1165 proyectos beneficiarios, sólo 45 proyectos registran acciones de monitoreo. Pese a que, según sus propios reportes, se encontraron irregularidades graves, como la "utilización indebida de fondos, destinándolos a otros fines", como en el caso de la obra "Mejoramiento del Sistema de Desagüe, en el sector II de Chimbote, provincia de Santa-Ancash"; a cargo de la Municipalidad del Santa. Sin embargo, no se realizaron las denuncias correspondientes, ni se suspendió la transferencia de recursos. Por otro lado, 99 obras (8.85%) obtuvieron recursos por S/. 530' 253, 994.04 a pesar de que se encontraban paralizadas y/o anuladas; y sólo en 31 de ellas los convenios de transferencia se resolvieron o están por resolverse.

10. En el caso de Lima-Metropolitana, SEDAPAL ejecutó 46 obras por un total de S/. 1, 096, 621, 379.51, consignando como Fuente de Financiamiento el Programa Agua para Todos; sin embargo, sólo 10 proyectos cuentan con Convenios suscritos entre la empresa estatal y el sector Vivienda, garantizando la transferencia de S/. 285, 698, 380.00. Por esta razón, existe un déficit de S/. 810, 922, 990.00. utilizados por SEDAPAL, sin contar con la fuente de financiamiento garantizada. A este monto debe sumarse lo efectivamente ejecutado y liquidado en los proyectos. La entidad argumentó ante la Comisión que los 36 proyectos fueron priorizados al amparo de la declaración de emergencia; no obstante, sólo 29 obras fueron incluidas.

11. La Comisión presume responsabilidad de los funcionarios de SEDAPAL, al otorgar la Buena Pro del PES 12-2006.SEDAPAL para la ejecución del proyecto "Ampliación y Mejoramiento de los Sistemas de Agua Potable y Alcantarillado para el esquema Sargento Lorentz-2da Etapa. San Juan de Lurigancho", al Consorcio Sargento Lorentz, integrado por Constructora MPM SA, Roaya SAC Contratistas Generales y China Jiangsu International Coporation-Coporation Perú, pese a que las empresa peruanas, que asumirían la ejecución de la obra, no acreditaban la experiencia requerida por las Bases Administrativas y el Decreto Supremo 024-2006-VIVIENDA. El Consorcio obtuvo el contrato por S/. 66, 222, 974.66 presentando la experiencia de la matriz de China Jiangsu, que tenía sólo el 1% de acreditación

en el Consorcio. Por otro lado, se benefició al contratista al aceptar pagarle S/. 4,401,473.09 de Indemnización por daños y perjuicios, aprobados mediante Conciliación. También se aprobó una Liquidación Final beneficiando al contratista con S/. 271, 387.90 por encima de lo acreditado como gasto en la Partida de Intervención Social.

12. Se otorgó y aprobó la viabilidad del perfil del proyecto "Ampliación y Mejoramiento de los Sistemas de Agua Potable y Alcantarillado para el Macro Proyecto Pachacutec", y se convocó a los procesos de selección para adjudicar los contratos de ejecución del proyecto sin contar la Disponibilidad de Terrenos. La Comisión ha verificado que, el 17 de setiembre de 2012, SEDAPAL recién adquirió el terreno para la Planta de Tratamiento de Aguas Residuales por un monto de U$ US 3, 536,746.66. Por otro lado, en el Perfil no se determinaron las Fuentes de Abastecimiento de Agua para responder adecuadamente a una demanda calculada de 3,121 litros por segundo y garantizar la salud de la población beneficiada. Esta situación ha obligado a iniciar la ejecución del proyecto complementario "Línea Reforzamiento al sistema Chillón", el cual representará mayores gastos al Estado. En las Bases Administrativas de los procesos, no se contempló la exigencia de estudios adecuados para garantizar la calidad del agua a proveer.

13. Se otorgó la Buena Pro al Consorcio Norte Pachacutec pese a que su propuesta técnica contenía modificaciones en los presupuestos a Suma Alzada y Precios Unitarios por encima del 10% de lo previsto por la Ley de Contrataciones y Adquisiciones del Estado. La Comisión ha corroborado, por ejemplo, que la propuesta

211

incrementó en 186.66% la Partida de Intervención Social, pasando de S/. 4, 088, 694.15 (Valor Referencial) a S/. 11, 720, 748.60; es decir, se incrementó en S/. 7, 632, 054.45. Lo mismo sucedió con las partidas Suministro Eléctrico (que tuvo un aumento de 22.64% del valor referencial); sistema Proy. On Line con un incremento de S/. 32,062.70 de lo estipulado en las Bases. Al validarse la propuesta, desprotegieron los intereses del Estado, permitiendo el desvío de recursos hacia la Partida de Intervención Social, cuyo incremento no está justificado.

14. De la documentación revisada, inicialmente se consideró como Fuente de Financiamiento Recursos Propios y Tesoro Público, destinándose S/. 3, 958, 395.44 para Expediente técnico; S/.268, 187, 659.24 para ejecución; y S/. 3, 773,886.98 para Intervención Social a ejecutarse durante los periodos 2010, 2911 y 2012. Sin embargo, SEDAPAL no contó con los recursos disponibles para garantizar el costo total de ejecución, según indicó en febrero de 2010 el entonces Gerente General Jorge Barco Martínez, quien solicitó al Programa Agua para Todos la transferencia de recursos. Pese a la no aprobación del sector Vivienda para el financiamiento del proyecto, a octubre de 2010, se había autorizado la previsión presupuestal de S/. 299,' 225, 306.29. Finalmente el Programa Agua parsa Todos transfirió S/. 45,000,000.00 para el año fiscal 2011; habiéndose ejecutado a junio de 2012 sólo S/.11, 019, 859.00, según se registra en el Sistema Integrado de Información Financiera del Ministerio Economía y Finanzas.

15. En el cálculo de penalidades, existe presunta responsabilidad en los funcionarios de SEDAPAL,

al no haber calculado correctamente el monto de penalidad correspondiente al retraso en la elaboración del Expediente Técnico, dejándose de aplicar un monto S/. 15, 755,253.35. Por otro lado, en la valorización 05 del Consorcio Norte Pachacutec se habría dejado de aplicar una multa por un total de S/. 3,240.00 correspondiente al incumplimiento de subsanación de observaciones al Expediente Técnico. Asimismo, la Comisión ha comprobado que, con relación al componente de Intervención Social, se permitió un incremento en el valor contractual de 304% con relación al presupuesto establecido en el SNIP para dicho rubro. Así, mientras SEDAPAL había previsto S/.2, 658, 288.56 para Intervención Social, aceptó la propuesta de Consorcio Norte Pachacutec que contempló un monto de S/.11, 720, 748.60

16. El Estado peruano, a través del Programa Agua para Todos y la empresa SEDAPAL, afronta 68 procesos arbitrales por contratos vinculados a la ejecución de obras financiadas con recursos de dicho programa, por más de S/. 59, 790,500.00 y US$ 5, 504,000.00. De ese total, 11 demandas han sido resueltas generando la obligación de pago a favor de los contratistas por S/. 8,547, 887.93, referidos principalmente a pagos por adicionales y ampliaciones de obra. Quedan pendientes procesos por más de S/.38, 454,643.40.

CAPÍTULO VII
A MANERA DE CONCLUSIÓN

1. Alan García Pérez prescrito sus juicios penales contra el Estado y, arreglados los estigmas que dejó en su primer gobierno, reapareció como candidato por segunda vez, prometiendo un "cambio responsable" y ofreciendo defender los intereses de los trabajadores, revisando los contratos lesivos al país, cobrando a las empresas mineras las regalías e impuestos a las sobreutilidades no pagadas y, volver al amparo de la Constitución Política de 1979. En suma, con promesas falsas encandiló y atrapó a los incautos electores y con tal patrimonio, llegó al poder por segunda vez.

2. En el poder (2006-2011) vino urdiendo y ejecutando un conjunto de medidas de política económica a la medida de las exigencias de los inversionistas y para legitimar sus obsesiones neoliberales: 1) Hizo lo contrario a sus promesas electorales: legitimó la espuria Constitución Política de 1993, 2) Pactó alianza con las transnacionales mineras, 3) Justificó sus actos entreguistas escribiendo en fechas diferentes, en un mismo diario, tres artículos del "Perro del Hortelano" y con anuencia de la mayoría parlamentaria aprista, las aplicó como política de gobierno, 4) El 19 de diciembre del 2007 el Congreso de la República, mediante Ley N° 29157, le delegó facultades legislativas por 180 días comprendidos entre el 1° de enero y el 28 de junio del 2008, para implementar el TLC entre el Perú y los Estados Unidos. Al amparo de aquella ley se aprobaron normas legales, distorsionando y desnaturalizando los términos de la delegación otorgada por el Congreso de la República y 5) Alan García manipuló a la opinión

215

pública y al congreso de la República, para legislar de "contrabando" la subasta de los recursos del país, fuera del ámbito competente y sin participación pública.

3. El Dr. Alan García Pérez presentó al Congreso de la República el Proyecto de Ley N° 840, el 28 de diciembre del 2006, planteando espantosas modificaciones a la normatividad legal existente para tierras forestales de la Amazonía, entre los que resaltan: el monopolio de la propiedad agraria y franquicias legales para los inversionistas en actividades de alto componente de capital, como la petrolífera, gasífera y forestal, en detrimento de la soberanía nacional y la pervivencia de las Comunidades Nativas.

4. Al año 2009, la extensión total de concesiones mineras en el Perú era casi de 18 millones de hectáreas, representando el 14% del territorio nacional. Gran parte de estas concesiones, se encontraba en territorios que ocupan en propiedad las comunidades indígenas o campesinas, a quienes para el otorgamiento de estas concesiones, jamás las consultaron, lo que significa, que el Estado peruano, al despojarlas de sus predios, viola los tratados internacionales suscrito por él, en materia de los derechos de los pueblos indígenas, como es el caso del Convenio 169 de la Organización Internacional de Trabajo OIT y la Declaración de las Naciones Unidas sobre los Derechos de los Pueblos Indígenas. El empoderamiento de la minería en territorios rural- andinos va siempre acompañado por secuelas de conflictos socio-ambientales entre las empresas mineras y los propietarios de sus tierras. Consecuentemente ello significa despojo arbitrario, persecución, apaleamiento, muerte y denuncias por terrorismo de campesinos o indígenas que tratan de

defender sus propiedades. Alan García Pérez, abdicando de su condición de Presidente de todos los peruanos y, consecuente con la inversión transnacional, legitimó aquellas tropelías.

5. El 5 de junio de 2009, en la zona denominada "La curva del diablo" de Bagua, del departamento de Amazonas, se produjo la muerte de 34 peruanos, entre policías e indígenas amazónicos, como consecuencia de que el presidente de la república, Alan García Pérez, se negara en aceptar las justas demandas de los indígenas de la selva en defensa de sus tierras. Luego, consecuente con los intereses transnacionales en la selva y desoyendo las razones pacíficas de las protestas indígenas, ordenó a la Policía Nacional a reprimir a los huelguistas. Al respecto, la mejor síntesis que retrata la esencia humana de Alan García Pérez, cuando éste al conocer la muerte de los indígenas amazónicos, dejara expresado con desdén, esta cruel e infeliz frase racista: "estas personas no son de primera clase".

6. Como secuela final de su misión entreguista, bajo el silencio del Congreso de la República, entendiendo que su mandato se aproximaba a su ocaso y teniendo aún cuestiones pendientes con sus aliados, el 17 y 20 de enero del 2011, aprovechando el fragor del carnaval electoral en marcha, emitió los Decretos de Urgencia N° 001-2011 y N°002-2011, normas que en esencia coligen mañosos procedimientos administrativos, considerados normalmente como dolosos, para legitimar, favorecer y facilitar con prontitud, la pignoración de los recursos del Perú, expresados en la entrega de 33 proyectos de inversión a contratistas.

7. Como conclusión final, es evidente que la gestión de Alan García Pérez, Presidente Constitucional del Perú,

en sus dos períodos gubernativos, estuvo caracterizado por la existencia de signos evidentes de corrupción y manejo privado del Estado peruano; legalmente puestas de manifiesto por los propios poderes. a) En el primer período gubernativo (1985-1990), el Congreso de la República constituyó una Comisión Especial Investigadora de las transacciones locales y extranjeras del Dr. García Pérez como funcionario público, cuyo informe final, concluyó con una Acusación Constitucional y el enjuiciamiento penal en el poder judicial, proceso que fue truncado por un controvertido asilo político. b) En su segundo periodo gubernativo (2006-2011), nuevamente el Congreso de la República decide investigar y, en ese afán, conforma la Comisión Multipartidaria encargada de investigar la gestión del Dr. Alan García Pérez. Esta Comisión, tras una pesquisa rigurosa, concluye con un informe preliminar que demuestra presuntos actos de corrupción en las dependencias donde se ejecutaron obras públicas y, además se descubre una modalidad delictiva de acondicionamiento y aprobación de normas legales con fines corruptos. Este proceso de investigación actualmente, se encuentra en el vaivén del intríngulis jurídico, característico de un sistema aquiescente a la corrupción. En síntesis, los dos periodos gubernativos del APRA, se caracterizaron por una administración de corrupta rapiña y abuso en superlativo del poder político, para beneficiar con los recursos del Estado a una élite política del gobierno aprista; corrupción que en su primer periodo, gracias a la complicidad del gobierno de Fujimorí, quedó sin castigo y en este segundo periodo, sea por componenda, descuido y/o escepticismo de los poderes constituidos que se encargan de estos asuntos, corre el riesgo de quedar lacrada en la impunidad endémica y, consensuada la apropiación del Estado en beneficio privado.

8. En una sociedad que se supone civilizada y, "mayoritariamente católica", es natural y humano, esperar del Estado, una mano paterna o fraterna, conciliadora y solidaria, que pueda restañar, las dolorosas y aún sangrantes heridas; reparando los costos de aquel infausto colapso y sancionando a los responsable. Sin embargo, el seguimiento y la percepción de las actitudes de quienes están obligados a asumir esta reconciliación, hasta hoy, hacen concluir que las respuestas a tal interrogante, son igualmente dolorosas:

8.1. El actual Estado desde el año 2000 en adelante, parece entender que la guerra interna, las ganaron a la población indígena, mestiza y criolla empobrecida y como tal, el castigo, es el confinamiento histórico. Este entendimiento, no sólo colisiona con las conclusiones asumidas por la Comisión de la Verdad y Reconciliación CVR, quienes demostraron como a los principales responsables de las muertes al PCP-SL, MRTA y al Estado peruano; también, retrata la actitud irreflexiva, agresiva, despectiva, renuente a la autocrítica y al cambio de actitud del actual Estado criollo, frente a las poblaciones originarias, víctimas de esta guerra.

8.2. Es evidente que los propulsores de aquellos proyectos políticos trasnochados, la subversión, aludiendo cambiar a su modo los desequilibrios estructurales en la sociedad peruana, ocasionaron el 58 por ciento de aquellas muertes; también es cierto, que estos fueron derrotados, lo que significa que sus líderes y adherentes, están asumiendo como en toda guerra, los costos de la derrota y ahí están, en las cárceles y mazmorras, purgando sus culpas.

8.3. Pero, las poblaciones indígenas, campesinas, mestizas y criollas empobrecidas del campo, siguen sumidos en la discriminación del racismo criollo de siempre: Exterminados sus habitantes, sus líderes, purgando en cárceles por culpas ajenas; sobrevivientes, pululando en las urbes, buscando un pedazo de suelo dónde vivir, arañando y mostrando fosas comunes de sus desaparecidos exigiendo reparación y, víctimas de la descomposición moral de un sistema político privado, centralista y corrompido, excluidos de sus más elementales derechos: al trabajo, la alimentación, educación y la salud. En suma, víctimass de una guerra agresiva, que no las buscaron.

Finalmente termino este ensayo, reiterando la sentencia del pensador español Jorge Ruiz de Santayana: *"Quien no es capaz de enfrentarse a su pasado, está condenado a repetirlo eternamente"*

BIBLIOGRAFÍA

1. **BURNEO, Kurt.** USIL; *Bonanza Incomprendida*: Revista Actualidad económica del Perú, Lima, 03 de agosto, 2010.
2. **BURNEO, Kurt**. Economía-USIL; *El no entender a la gente*, Lima,01/08/2010.La República, Perú.
3. **CARRERA DAMAS**, Germán: *El dominador cautivo*. Editorial Grijalbo, Caracas, Venezuela, 1988
4. **CATERIANO, Pedro**. *El caso García*; Lima, 1994.
5. **CHIRIF, Alberto.** *El derecho de consulta vs el autoritarismo, Lima, 4 Julio, 2010*.http://diariodeiqt.lamula.pe/2010/07/04/#comments
6. **CHIRIF, Alberto.** *La propiedad comunal en la mira: El perro glotón y su misterioso capital*, Instituto Lingüístico de Invierno.
7. **CHIRIF,Alberto**. *El otro sendero (¿despistado?) de Hernando de Soto*, http://www.servindi.org/actualidad/opinion/16603 - 64k
8. **CHIRIF, Alberto.** *El futuro y la Amazonía*, Diario de IQT, 26 Mayo 2009.http://diariodeiqt.wordpress.com/2009/05/26/alberto-chirif-e... - 55k
9. **CHIRIF, Alberto.** *Comentario al perro del hortelano:* http://www.peripecias.com/ambiente/401Chirif**PerroHortelano**.html - 21k
10. **CONACAMI-Perú.** *La invasión de nuestros territorios: Expansión de las Concesiones mineras en el sur del Perú*. Lima, 2009.
11. **Conferencia de las Naciones Unidas sobre el Comercio y el Desarrollo UNCTAD.** *Informe Mundial de Inversiones 2010*.
12. **DE SOTO, Hernando.** *El misterio del capital*, Editora El Comercio S.A, Lima, 2000.
13. **DEGREGORI**, Carlos Iván y GROMPONE, **Romeo.** Elecciones 1990 *Demonios y redentores en*

el nuevo Perú: Una tragedia en dos vueltas, IEP Ediciones Lima, 2001.

14. **DEGREGORI, Carlos Iiván.** *¿Porqué apareció Sendero Luminoso en Ayacucho? El desarrollo de la educación y la generación del 69 en Ayacucho y Huanta*. Lima, 1990 Primera edición.

15. **EGUREN, Fernando.** *Los Trabajadores Rurales: Un mundo complejo.* http://www.cepes.org.pe/ - 42k

16. **EGUIGUREN PRAELI, Francisco J.** *Informe jurídico: Análisis de la conformidad constitucional del uso de las facultades legislativas otorgadas por el congreso al poder Ejecutivo mediante la ley N°29157*, elaborado a solicitud de OXFAM AMERICA, LIMA-Perú.

17. **FAIRLIE REINOSO, Alan**;*Economía para el Perú del Bicentenario*:http://www.larepublica.pe/ actualidad-economica-alan-fairlie/...

18. **FRANCKE, Pedro**;*¿Dónde están el millón de empleos?*:http://alternativaprensa.blogspot.com/2010 /08/tlc-donde-esta...

19. **FRIEDMAN, Milton y R. Friedman**; *Libertad de Elegir: Hacia un Nuevo liberalismo económico*, Ediciones Grijalbo S.A, 2° Edic, Barcelona, 1979.

20. **GARCÍA PÉREZ, Alan**; *El síndrome del perro del hortelano*, Diario El Comercio de Lima, 28 de octubre de 2007.

21. **GARCÍA PÉREZ, Alan**; *Receta para acabar con el perro del Hortelano*, Diario El Comercio de Lima, 25 de noviembre de 2007.

22. **GARCÍA PÉREZ, Alan**; *El perro del hortelano contra el pobre*, Diario El Comercio de Lima, 02 de marzo del 2008.

23. **GONZÁLEZ CASANOVA, Pablo**; *De la sociología del poder a la sociología de la explotación: Pensar América Latina en el siglo XXI*/ Compilador Marcos

Roitman Rosenmann. Bogotá: Siglo del Hombre Editores y Clacso, 2009.

24. **GORRITI, Gustavo**; *La calavera en negro: el traficante que quiso gobernar un país*. Lima: Editorial Planeta, 2006.

25. **Instituto Nacional de Estadística e Informática (INEI) y Fondo de las Naciones Unidas para la Infancia (UNICEF).** *Estado de la Niñez Indígena en el Perú*, Agosto 2010.

26. **LEWIN, Boleslao.** *La rebelión de Túpac Amaru.* 3ra. Ed. Buenos Aires:SELA,1967.

27. **MADARIAGA, Salvador de.** Bolívar (Vol II). Editorial Sarpe, Biblioteca de la historia. No 35, 1985, Madrid.

28. **MANACÉS VALVERDE, Jesús y GÓMEZ CALLEJA, Carmen**. *Informe en minoría de la Comisión Especial para investigar y analizar los sucesos de Bagua*, Abril 2010.

29. **MARX, Karl.** *Bolívar y Ponte*: Artículo escrito en enero de 1858 y publicado en el tomo III de The New American Cyclopaedia.

30. **MATUK, Farid**. *Toda repetición es una ofensa* http://www.123people.com/s/farid matuk - -

31. **MENDOZA BELLIDO, Waldo.** Departamento de Economía de la PUCP*; El legado de García*, Lima, 21 de julio de 2010.

32. **PEASE GARCÍA, Henry y Romero Sommer, Gonzalo**. *POLÍTICA EN EL PERÚ DEL SIGLO XX*. Fondo Editorial de la PUCP, 2013. Lima.

33. **QUIROZ, Alfonso, W.** *Historia de la corrupción en el Perú*; IEP Instituto de Estudios Peruanos, Lima 2013

34. **SALAZAR, José y Salardi, J**. *Impacto regulatorio de la SUNASS en la situación financiera de las EPS*, Lima, Perú-08 Marzo 2012.

35. **SOTO RIVERA, Roy.** *Víctor Raúl: El hombre del siglo XX.* Tomo III (1968-1979). Lima: Instituto Víctor Raúl Haya de la Torre, 2001

36. **SCHULDT, Jurgen**; Universidad de Pacífico; *Colon del Ciclo Político*

37. **SMITH, Adam.** *La riqueza de las naciones*, vol. II.

38. **SPALDING, Karen.** *De Indio a Campesino.* Lima: Instituto de Estudios Peruanos, 1974.

39. **TANAKA, Martín.** *LOS ESPEJISMOS DE LA DEMOCRACIA:* El colapso del sistema de partidos en el Perú, 1980-1995.

40. **TERRAGNO, Rodolfo H.** *Maitland & San Martín.* Buenos Aires: Universidad Nacional de Quilmes. Primera edición, 1998.

41. **URTEAGA, Patricia**; *Informe Socio Jurídico sobre Decretos Legislativos vinculados a Derechos de Pueblos Indígenas*, 2008 IBIS.

42. **VARESE, Stefano;** *Cinco siglos o cuarenta años*, 2009.

43. **VARESE, Stefano;** *Los pueblos indígenas de la Amazonía confrontan al neoliberalismo*, 2010

44. **VARESE, Stefano;** *Pueblos sin territorio: pueblos muertos*, 2009

45. **VARGAS HAYA, Héctor**; Frustración democrática y corrupción en el Perú. Lima   Editorial Milla Batres, 1994.

46. **WALKER, F. Charles.** *De Túpac Amaru a Gamarra; Cusco y la formación del Perú Republicano 1780-1840.* 2da Ed. Cusco; CBC, 2004.

47. **WALKER, F. Charles.** "Montoneros, bandoleros, malhechores: criminalidad y política en las primeras décadas republicanas", *En Bandoleros, abigeos y montoneros: Criminalidad y violencia en el Perú, siglos XVIII-XX.* Editado por Carlos Aguirre y Charles Walker. Lima: Instituto de Apoyo Agrario, 1990.

48. **WALKER, F. Charles.** *Entre la retórica y al insurgencia: La historia de las ideas y los movimientos sociales en los Andes, siglo XVIII.* Cusco: CBC, 1996.

49. **WRIGHT MILLS, Charles**; *La imaginación sociológica*, México, Fondo de Cultura Económica, 1997.

LEYES, INFORMES, CONVENIOS INTERNACIONALES Y OTROS CONSULTADOS:

1. LEY N° 27293, ó, Ley del Sistema Nacional de Inversión Pública; modificada por Ley N°28522 del 25/05/2005.
2. Ley N° 26850, ó, Ley de Contrataciones y Adquisiciones del Estado, publicado el 21 junio 1997.
3. Decreto Ley Selva N° 20653 (24.6.1974) de Comunidades Nativas y de Desarrollo Agrario de las Regiones de Selva y Ceja.
4. Decreto Ley N° 21147, Ley Forestal y de Fauna Silvestre, 1975.
5. Decreto Ley N° 22175, Ley de Comunidades Nativas y de Desarrollo Agrario de la Selva y Ceja de Selva, 1978.
6. Constitución Política del Estado peruano de 1979.
7. Constitución Política del Estado peruano de 1993
8. Ley N° 26505, de Promoción de las Inversiones Privadas en las Tierras del Territorio Nacional y de las Comunidades Campesinas y Nativas.
9. Convenio 169-OIT y la Declaración de de Derechos Indígenas de Naciones Unidas (aprobada en setiembre del 2008).

10. Declaración Universal de Derechos Humanos Aprobada internamente el 15 de diciembre de 1959.

11. Declaración Americana de Derechos y Deberes del Hombre; Entrada en vigor para el Perú, el 2 de mayo de 1948.

12. Cartas de Jamaica: BOLÍVAR, Simón (1815).

13. Pacto Internacional de Derechos Civiles y Políticos y el Pacto Internacional de Derechos Económicos, Sociales y Culturales. Entrada en vigor en el Perú el 28 de julio de 1978. El derecho a la libre determinación los pueblos y naciones del mundo.

14. Convención Americana sobre Derechos Humanos. (CADH). Entra en vigor para el Perú el 28 de julio de 1978.

15. Discurso de la Doctora Beatriz Merino, Defensora del Pueblo, en la Comisión que investigó lo ocurrido en las Provincias de Bagua y Utcubamba, nombrada por el Congreso de la República, Lima, 19 de enero del 2010.

16. DEFENSORÍA DEL PUEBLO; Informe 009-2007-DP/ASPMA.CN. *Superposición de Lotes de Hidrocarburos con Áreas Naturales Protegidas y Reservas Territoriales en la Amazonía Peruana.* Adjuntía para los Servicios Públicos y el Medio Ambiente, 2007 (marzo).

17. DEFENSORÍA DEL PUEBLO; Informe 016-2008-DP/ASPMA.PCN. *Comentarios de la Defensoría del Pueblo sobre Proyectos de Ley: Tierras, Predios Rurales, Comunidades Campesinas y Nativas.* Adjuntía para los Servicios Públicos y el Medio Ambiente 2008 (Mayo).

18. Decreto Supremo N° 085-2007-PCM , que crea la Oficina Nacional Anticorrupción, 19 de octubre del 2007.

19. Decreto de Urgencia N° 001-2011, del 17 de enero del 2011.

20. Decreto de Urgencia N° 002-2011 del 20 de enero del 2011.

21. ARCHIVO GENERAL DEL CONGRESO DE LA REPÚBLICA AGCR; "Informe final de la Comisión investigadora sobre las operaciones y adquisiciones de inmuebles en el Perú y el extranjero, vinculadas con el patrimonio personal del Sr. Alan García Pérez, durante el ejercicio de su actividad como funcionario público"; Lima, mayo de 1991.

22. ARCHIVO GENERAL DEL CONGRESO DE LA REPÚBLICA AGCR; "Acusación Constitucional dictamen de la Comisión especial encargada de la denuncia contra el doctor Alan García Pérez", Lima, 23 de septiembre de 1991.

23. CONGRESO DE LA REPÚBLICA: *Informe preliminar*; Comisión Investigadora Multipartidaria encargada de investigar la gestión de Alan García Pérez como presidente de la república (2006-2011); Lima, mayo 2013.

24. PERÚ; Corte Suprema de Justicia, Sala Penal Especial: *Expediente .A.V. 01-95, 10 ANEXOS*. Lima 1995.

25. SEDAPAL: *Plan estratégico institucional 2009-2013*; Gerencia de Desarrollo e Investigación , 2010-Lima.

26. Instituto de Democracia y Derechos Humanos de la Pontificia Universidad Católica del Perú DEHPUCP, *Informe jurídico sobre las actuaciones de la Comisión Investigadora Multipartidaria encargada de investigar la gestión de Alan García Pérez como Presidente de la República (Megacomisión)*de Yvana Novoa Curich.

27. Informe de la Comisión de la Verdad y la Reconciliación CVR. Capítulo 2.

28. Conclusiones generales del informe final de la CVR.

29. Corte Interamericana de Derechos Humanos (CIDH); Informe No. 15/96 del 5 de marzo de 1996: CASO DURAND Y UGARTE

30. Corte Interamericana de Derechos Humanos (CIDH); CASO DURAND Y UGARTE, Sentencia de 16 de agosto de 2000.

31. Corte Interamericana de Derechos Humanos(CIDH): Caso Neira Alegría y otros: Sentencia del 19 de enero de 1995.

32. CIDH: DEMANDA DE LA COMISIÓN INTERAMERICANA DE DERECHOS HUMANOS CONTRA EL ESTADO DEL PERÚ: Por hechos ocurridos a partir del 14 de mayo de 1988 en el distrito de CAYARA.